元宇宙创业

Web3.0时代投资指南

李波 著

电子工业出版社
Publishing House of Electronics Industry
北京·BEIJING

前　言

互联网行业的发展已经影响和改变了我们的生活方式，经过多次迭代，互联网经济催生了多种红利（如微博、微信的内容红利，短视频创作的红利，数字经济的红利等）。当每一次红利来临时，各大企业都会乘风而起，给创业和投资带来历史性的发展良机。

2021 年以来，作为下一代互联网的重要方向之一，元宇宙概念成为全球经济和产业关注的焦点，元宇宙第一股 Roblox 成功于纽交所上市，短时间内市值突破 400 亿美元；字节跳动以 90 亿元收购 VR 硬件厂商 Pico；社交巨头 Facebook 甚至更名为 Meta，将元宇宙视为未来发展的主要方向。群雄逐鹿，众多企业都在布局和抢夺元宇宙赛道。

在此趋势下，元宇宙已经成为当下红利渐起的蓝海市场，其中蕴含着诸多可以成功创业和投资的机会，也存在着大量的陷阱和风险。风正起，很多有识之士已经注意到了这些机会，但苦于缺乏有效的引导，难以找到有效的突破口。本书聚焦这一痛点，为创业者深度解析元宇宙创业和投资的有效路径和方法。

首先，本书前两章从认知的角度分析元宇宙的获利层面，直接提出应用场景突破技术壁垒，指出存在多重价值空间，总结出了思维范式、商业模式的迭代逻辑，以及资本、技术、渠道、流量四大层面的参与方式和路径。

然后，本书以 8 章（第 3 章～第 10 章）的篇幅，深入浅出地系统说明了元宇宙创业最可行的 8 个入口，包括元宇宙场景搭建、元宇宙游戏领域、元宇宙课程培训、元宇宙中的建筑师、元宇宙投资与收藏、元宇宙创作者经济、元宇宙虚拟人 IP、元宇宙广告营销等，具备极强的操作性和实战性。创业者可以通过本书的学习掌握 VR 全景制作、元宇宙游戏、元宇宙内容创作等一系列创业和投资的方法和操作路径。

最后，本书第 11 章对元宇宙投资进行了展望，指出随着技术和资本的集聚，元宇宙的发展路径已逐渐清晰，并分析了未来相关创业和投资的方向，指出了具有巨大发展潜力的相关领域和赛道。同时，指出元宇宙的巨大产业机会将呈渐进式发展，沉浸式及用户创造内容（UGC）等需要伴随芯片算力的提升，伴随 VR/AR 等交互设备的便利化，区块链技术叠加及相关去中心化应用生态的演进，才能达到最终形态。

本书对元宇宙创业进行了系统、详细的讲解，针对元宇宙创业的每一个入口，不仅介绍了相关的理论，也讲述了具体的实践方法，并分析了大量的案例，为元宇宙领域的创业者和投资者提供了系统的方法论、丰富的行业知识、切实有效的实践方法和实现路径。

目录

第 1 章 迎风而立，谁的财富在指数级增长

1.1 元宇宙时代：新风口的前世今生 /002

1.2 认知破局：入局，应用场景突破技术的壁垒 /005

1.3 价值广阔：元宇宙催生多重价值空间 /009

1.4 互联网大厂竞相入局，上市公司价值重构 /013

1.5 转变思维：从产品思维到用户思维 /016

1.6 商业思维迭代，个人 IP 价值凸显 /018

第 2 章 巨大参与空间，多层面获利催生财富

2.1 资本层面：凭借资金优势，独立做细分项目 /024

2.2 技术层面：获得项目股权，参与分红 /026

2.3 渠道层面：整合产业上下游资源 /029

2.4 流量层面：创作者角色，NFT 助力 /031

2.5 MetaApp：帮助中小团队实现创意 /034

第 3 章 元宇宙场景搭建：VR 全景内容升级用户体验

3.1 元宇宙风口下，VR 全景行业蓬勃发展 /040

3.2 VR 应用推动营销虚拟化变革 /042

3.3 VR 全景内容制作：照片拍摄+照片拼接+平台制作 /045

3.4 获取客户资源，顺利完成交易 /048

3.5 加盟平台，成为 VR 全景代理商 /050

3.6 VR 全景平台的甄别和判断 /052

3.7 VR 全景助力大学生实现创业梦想 /056

第 4 章　元宇宙游戏领域：月入 2000 美元的游戏如何玩

4.1　从开放世界游戏到元宇宙，路还有多远　/060

4.2　游戏去中心化转变，向元宇宙进发　/063

4.3　区块链与游戏结合，助力价值流转　/065

4.4　Play to Earn：边玩边赚的新型商业模式　/068

4.5　识别优质区块链游戏，规避风险　/070

4.6　Axie Infinity：初学者入门指南　/072

4.7　元宇宙游戏直播：以流量赚取收益　/076

第 5 章　元宇宙课程培训：聚集流量，实现转化

5.1　新领域新市场，元宇宙市场存在巨大培训需求　/080

5.2　得到 App 中销售直播培训课程，获百万收入　/081

5.3　喜马拉雅中推出付费元宇宙专辑，引流创收　/082

5.4　确定课程内容：理念类课程、技术类课程、方法类课程　/085

5.5　明确课程形式，选择合适的平台　/088

5.6　更新课程+关注热点，内容持续输出　/090

5.7　粉丝经营，以社群实现长久转化　/092

第 6 章　元宇宙中的建筑师：以更科幻的建筑项目获得收入

6.1　BIM+VR，创建可交互的虚拟建筑空间　/096

6.2　复刻现实：百位学生共建伯克利虚拟校园　/098

6.3　突破限制：打破建筑物理限制，展现无限创意　/099

6.4　转变思维：由传统建筑思维升级至多元创造性思维　/101

6.5　个人创收：设计虚拟家居并出售　/103

6.6　团队创收：承接项目+虚拟建筑经营　/106

6.7　"烤仔建工"：元宇宙中的施工队　/107

6.8　《我的世界》中的"建筑公司"，业务不断拓展　/108

第 7 章 元宇宙投资与收藏：NFT 赋能数字内容资产化

7.1 资产上链，催生更多元的投资机会 /114

7.2 NFT：加密数字资产的基石 /116

7.3 土地投资：3200 万元成交虚拟土地值得吗 /119

7.4 盈利模式多样：转售+租赁+开店+承接展览 /121

7.5 如何在虹宇宙上拥有自己的虚拟房产 /124

7.6 艺术品投资：交易额超百万，数字艺术品为何赚钱 /126

7.7 NFTCN 锻造网站：制作自己的加密艺术品 /129

7.8 腾讯幻核：为艺术家提供 NFT 铸造和出售平台 /133

第 8 章 元宇宙创作者经济：你的每个创意都是无价之宝

8.1 从以代码为中心到以创意为中心 /138

8.2 NFT 版权保护，让创意更值钱 /139

8.3 创作者工具：平台开发工具降低创作门槛 /140

8.4 AI 创作，低成本实现高质量创作 /145

8.5 新职业创造新收益，捏脸师月入数万元 /149

8.6 虚拟产品设计师或将成为热门职业 /152

8.7 教育+创作：探索 STEM 教育应用 /155

8.8 简单五步：用罗布乐思 Studio 开发自己的游戏 /156

第 9 章 元宇宙虚拟人 IP：多元化商业变现潜力

9.1 建立人设：贴合场景才能发挥价值 /168

9.2 形象设计：3D 建模+AI+动捕+渲染 /171

9.3 广告代言：虚拟人成为潮流时尚界的宠儿 /174

9.4 行业 KOL：班长小艾成为知名育儿博主 /177

9.5 演唱会：虚拟演出彰显巨大商业价值 /180

9.6 前台客服：虚拟人员工入驻多家银行 /182

9.7 会展详解：虚拟讲解员讲解内容更立体 /184

第10章 元宇宙广告营销：面向Z世代的营销方案

10.1 元宇宙带来新的营销生态 /188

10.2 未来的植入式广告将无处不在 /191

10.3 用户定位：从现实用户到数字替身 /194

10.4 产品设计：从实物商品到数字商品 /195

10.5 场景搭建：从线下场地到虚拟空间 /199

10.6 品牌如何在虚拟世界找到立足之地 /201

10.7 路易威登：如何征服元宇宙互动形式 /202

第11章 元宇宙投资展望：未来渐明，元宇宙将大有可为

11.1 元宇宙产业机遇极大，将呈渐进式发展 /206

11.2 元宇宙概念股飞涨，鱼龙混杂，真假难辨 /211

11.3 IaaS板块营收稳健增长，云游戏成为新发展机遇 /214

11.4 头戴式VR的需求爆发 /216

11.5 去中心化ID将为新一代身份系统赋能 /217

11.6 UGC持续展现红利 /219

11.7 数字化生存成为现实 /221

第 1 章 迎风而立，谁的财富在指数级增长

纵观历史长河，新事物的诞生往往伴随着各种想象和巨大机遇。同样，作为人类社会和互联网发展催生的新事物——元宇宙，也必然饱含人们的无尽思绪，并潜藏着各种创业机遇和商机。面对这一机遇，人们只有了解元宇宙的内在本质，思考人类社会的发展阶段，分析科学技术的成长范式，判断互联网的发展趋势，才能够把握机遇，抓住新的财富风口，实现财富的指数级增长。

1.1 元宇宙时代：新风口的前世今生

2021年年初，元宇宙概念火爆登场，引发万众关注。Meta创始人马克·扎克伯格认为，元宇宙是跨越众企业乃至整个科技行业的愿景，是移动互联网的继任者。潮流裹挟着资本，推动元宇宙迅速破圈。在短短一年左右的时间里，元宇宙已经从科技圈和资本圈蔓延到互联网及各种产业情境下的更多领域。

与此同时，元宇宙也成为新时代下的创业新风口。IT桔子数据显示，2021年成立的新经济公司共807家，其中，元宇宙相关的创业公司有24家，涉及游戏、传媒、教育、硬件等多个领域。在新的创业风口下，这些公司以虚拟数字人制作、显示技术研发等不同业务追逐元宇宙热点，并获得了资本的青睐。在这一趋势下，元宇宙成为大众追赶的新风口，越来越多的人以创业的方式参与其中，希望破解元宇宙的财富密码，实现财富的积累和自由。

那么，突然爆红的元宇宙是如何成为创业风口的？其背后的本质是什么？

元宇宙是"Metaverse"的译称，由"Meta"（超越）和"Universe"（宇宙）两个单词组成。这一概念来源于美国科幻作家尼尔·斯蒂芬森的小说《雪崩》（*Snow Crash*）。作者在书中提出了"Metaverse"

（元宇宙）和"Avatar"（虚拟化身）两个概念，描绘了一个人们可以以虚拟化身在元宇宙中生活的未来世界。

事实上，从元宇宙的概念产生以后，时至今日，所有的技术专家、行业大佬对于元宇宙的理解和定义都不尽相同，大体可以分为互联网论、数字时间论、操作系统论、互动空间论等诸多流派。但有意思的是，Metaverse 本身的意思并不是元宇宙，Meta 这一词根有诸多含义，多和变化、超越等有关。因而，2009 年，《雪崩》汉译本出版时，译者郭泽将 Metaverse 译作"超元域"。

本书的焦点不在于此，故在此不做严格的论证和推演，就以大家耳熟能详的元宇宙作为后续所有讨论和阐述的词语。但是有一点需要说明，我们目前所在的现实世界才是"元"，即所谓第一宇宙，而基于现代信息技术衍生出来的数字虚拟世界，其和第一宇宙属于伴生关系，是第一宇宙的延伸、扩展和变化，因而，其发展的根源在现实世界。

在《雪崩》一书提出了元宇宙概念后，2003 年，模拟现实游戏 Second Life 展现了一个现象级的虚拟世界。用户可以在其中以 3D 虚拟化身建造、购物、经商、社交等体验自由的虚拟生活。路透社、CNN（美国有线电视新闻网）等媒体机构曾将 Second Life 作为新闻发布平台；IBM 曾在 Second Life 中购买土地，建立销售中心。此外，Second Life 拥有自己的货币"Linden Dollar"，支持按照一定汇率兑换为法定货币。其中，用户"AnsheChung"通过在游戏中经营虚拟地产，在两年左右的时间里获得了 100 万美元的现实资产，凭借虚拟世界经营成为百万富翁。

在此之后，《头号玩家》《银翼杀手 2049》《失控玩家》等影视作品纷纷将元宇宙搬上银幕，将元宇宙发展的可能场景具象地展现在人们眼前。在这些影视作品描绘的元宇宙世界中，人们不仅可以将现实生活搬进虚拟世界，还可以在其中进行更加自由的创作，获得种种现实中难以实现的体验。

而后，2021年3月，沙盒游戏公司Roblox头顶"元宇宙第一股"的标签于纽约交易所上市，将元宇宙概念带入了资本市场。Roblox旗下有大型多人在线游戏创作平台，同时，其还提供Roblox Studio工具集和Roblox云服务，前者为用户提供创作工具，后者为用户提供实时响应和个性化数据分析服务。基于此，Roblox提供了一个可供体验和创造的虚拟空间，产生了大量由用户创作的游戏。

在将元宇宙这一概念写进招股书并成功上市后，Roblox的市值一飞冲天。上市之前，其市值约为300亿美元，而在上市首日收盘后，其市值突破400亿美元。此后，Roblox的市值也一路上涨，成为资本市场炙手可热的"香饽饽"。

纵观元宇宙的发展历程，从小说、游戏到电影，都对元宇宙世界进行了畅想与描绘，这为元宇宙的爆发奠定了基础。同时，元宇宙的爆发也彰显了互联网的发展趋势。清华大学发布的《2020—2021年元宇宙发展研究报告》显示，元宇宙的热潮体现了相关技术已经发展到规模化应用的临界点。近年来，AI、VR、AR、5G、区块链等技术都获得了突破性的发展，但尚未出现融合这些技术的新一代产品，而元宇宙是对这些先进技术的统摄性产品化想象，可以融合多种先进技术，实现多种技术的综合应用。

我们认为，元宇宙的爆发并非偶然，而是科技发展到一定阶段的必然趋势，是现有互联网模式的发展和迭代。在此背景下，不同的行业和产业出现了百花齐放的认知和观点，如传统游戏公司定义元宇宙的核心在于可定制角色和场景的开放世界；区块链公司认为元宇宙的重点在于去中心化、与现实世界不同的经济系统和治理模式；互联网公司提出元宇宙的侧重在于流量的变现和线上、线下的交互；虚拟现实公司坚持元宇宙的核心在于企业沉浸式体验的发展；新闻媒体则呼吁元宇宙的关键在于数字虚拟人的出现和应用……

我们必须指出，在资本和各个行业巨头争相入局、争相造热点、蹭热点的大背景下，一般创业公司和个人也可以从中抓住机遇，从内容创作、内容体验、投资收藏等多个角度入手，参与元宇宙的发展和成长过程，并从中获得成长和收益。

1.2 认知破局：入局，应用场景突破技术的壁垒

元宇宙本身不是简单的某一项突破性技术带来的革命，而是在多种技术创新、迭代的协同作用下，所形成的协同效应，在特定应用场景中的商业突破。2022年年初，XR（扩展现实）企业XRSPACE携手实时互动API（应用程序接口）平台声网Agora、AR技术服务商Rokid等，发布了全球首款音乐元宇宙应用PartyOn。用户可以在其提供的虚拟世界里和来自世界各地的朋友一起唱歌、聊天。

XRSPACE强调的是打通手机让更多消费者更容易接触到元宇宙，专注于把元宇宙在手机、平板电脑、VR和AR上建立起来，而5G技术的成熟、普及和大规模应用是这个应用的重要场景。XRSPACE创始人周永明说："XRSPACE致力于研发和推广Web3.0

元宇宙，让一般的使用者了解元宇宙。与声网 Agora、Pico、Rokid 的合作是音乐元宇宙 PartyOn 实现愿景的第一步，我们将推出更多、更好的体验与大家共享。"

PartyOn 可以为用户提供虚拟化身和虚拟 K 歌空间，同时还具有沉浸式的音乐音效和与线下 K 歌不同的花式互动玩法，营造出了强烈的场景感染力，以及更为新奇的感受，刺激用户参与感，如图 1-1 所示。同时，PartyOn 还拥有海量的授权歌曲，无须用户额外购买。XR 的虚拟线上音乐活动甚至可以超越真实，完整体现了音乐娱乐产业元宇宙应有的样子。

图 1-1　PartyOn 创造的虚拟 K 歌场景

与传统的线上 K 歌应用系统相比，PartyOn 能够打造出真实、沉浸的互动虚拟音乐空间和氛围。在虚拟世界里，借助 XR 等设备，用户能够体验逼真的 K 歌场景，可以参加演唱会，可以进行 K 歌比赛，可以交友，可以获得与线下卡拉 OK 完全不同的体验。这是技术应用于元宇宙场景所带来的新兴商业形态，而实现的方式是，在 5G 应用场景下，XR、AI、实时语音、空间音频等技术的综合应用。

1957年苏联发射了第一颗人造地球卫星 Sputnik 并展现了其卫星技术，美国国防部组建了高级研究项目局（ARPA），研究能够抵御攻击的分散式指挥系统，并于1969年委托开发了 ARPANET 进行联网研究。

1969年12月，按照 ARPA 制定的协定，剑桥大学的 BBN 和 MA 将加利福尼亚大学洛杉矶分校、斯坦福大学研究学院、加利福尼亚大学和犹他州大学的四台主要计算机进行了联机。虽然当时的网络传输能力极低，仅有 50Kbps，但这就是现代互联网的原型，宣告了一个伟大时代的来临。1987年9月，钱天白教授发出我国首封电子邮件，揭开了我国使用互联网的序幕。

互联网诞生的初衷是为了实现信息的互通和传递。被大多数人誉为"互联网之父"的蒂姆·伯纳斯-李（Tim Berners-Lee）认为，互联网最具价值的地方，在于赋予人们平等获取信息的权利。从 PC 到移动终端，从 Web1.0 到 Web2.0 再到 Web3.0，网络带宽类技术、无线传输类技术、定位类技术等各种技术的出现、成熟和应用实现了互联网的普及，极大地提升了互联网的效率，也推动了互联网向更为深远的方向发展。随着 5G、AI、XR、3D 引擎等技术的崛起、发展和产业化应用，现有互联网世界的各种不足有可能得到弥补，而关键点是沉浸和感受。因而，如何加强现有互联网系统的感知能力，构建更为真实的虚拟世界，使人们在各种场景中获得沉浸式的体验成为现代互联网的重要发展方向。

一方面，凭借 XR、3D 引擎、数字孪生等技术，虚拟世界能够更拟真地还原现实世界，现实世界中的游乐场、KTV 等娱乐场所，办公室、会议室等工作场所等都可以在虚拟世界中高度还原。另一方面，XR设备与各种动作捕捉设备、体感设备的结合，能够实现视觉、听觉、触觉等多重感官的交互，能够升级用户的交互感官维度，增强用户在虚拟世界的沉浸感。

同时，多种先进技术的突破和融合应用推动了元宇宙应用的发展，使其应用范围逐渐扩展到游戏、社交、办公、教育等多个领域，实现了更多场景的复刻和模拟。在此趋势下，元宇宙的应用场景设计百花齐放，并在相近的技术研发和应用阶段，走出了各种不同的路径，但无论如何，都是在进行场景化的探索和实践。

特别是一些行业巨头和先行者，更是不遗余力地在各种场景中重构原来的产品和服务，在现有成熟商业模式的基础上进行迭代和升级。2021年11月，Roblox宣布将投资1000万美元开发三款面向学生的教育类游戏，以扩大青少年用户群体，将教育类游戏植入学校教育中。三款教育类游戏中，一款游戏致力于传授机器人技术，一款游戏专注于太空探索，最后一款游戏将向学生提供计算机科学、工程和生物医学科学等方面的知识。

可以预见的是，在各种新兴技术不断发展演化的趋势下，更广范围、更具沉浸感的元宇宙正在逐渐形成。虚拟世界实现了不断拓展，与现实世界的联系也越来越紧密。随着元宇宙的发展和应用的普及，在不久的将来，我们必将看到一个个更为真实、更为虚幻，虚实交织的虚拟数字世界。在时代发展的趋势下，生活方式的改变已经是大势所趋，任何人都难以脱离时代、墨守成规，只有拥抱变化、积极入局、找到契机，才是更为先进的思维方式。未来已来，这是新的时代。

1.3 价值广阔：元宇宙催生多重价值空间

事实上，元宇宙概念的迅速崛起，各种势力的果断介入，固然有各种不同的解释和看法，但是，其蕴含和催生的巨大价值才是所有现象背后最明确的线索。虽然目前元宇宙方兴未艾，但是无法争辩的是，虚拟与现实结合的元宇宙将催生多重价值空间，呈现令人充满无限遐想的广阔商业版图。

这种多重价值空间贯穿于现实世界和虚拟世界，影响到整个社会、各种组织和大量的个体，彼此纠缠和重叠，会形成目前还难以清晰描述的伴生关系。而围绕价值进行人类社会各种关系的迭代和演化，将会是元宇宙时代最重要的内核。无论从社会角度还是个人角度，元宇宙的发展能够在价值的提供、创造、发掘、扩大等各个层面，产生史无前例的影响。

1. 提供价值

提供价值是指元宇宙能够实现虚拟世界与现实世界的融合，将人们的更多现实活动转移或者结合到虚拟世界中，从而提升社会运转效率或者改变社会的运行规则。例如，元宇宙下的虚拟办公解决方案可以将人们的办公活动迁移至虚拟世界，解决现实工作交际、商业谈判中面对的地域限制问题，提升工作效率；而元宇宙下的虚拟社交方案，则可以在虚拟世界中，营造更为高效、精准、有趣的社交场景和行为，增强生活情趣。

2021年年末，韩国游戏公司Com2uS公布了其开发的元宇宙平台Com2Verse，展示了人们将如何在虚拟世界中工作，如图1-2所示。

图1-2　Com2Verse创造的虚拟世界

Com2uS表示将在2022年下半年让员工入驻Com2Verse，在元宇宙中工作和生活。Com2Verse将现实生活中的多场景搬到了虚拟世界，能够为员工提供多元的工作、生活体验。该平台分为4个区域，其中包括提供虚拟办公空间的Office World（办公世界）；提供金融、教育等服务的Commercial World（商业世界）；提供游戏、电影等服务的Theme Park World（主题乐园世界）；提供日常沟通服务的Community World（社区世界）。Com2uS通过一则短片展示了虚拟世界的多重功能及员工在其中工作和生活的场景。

Com2uS的实践展示了元宇宙能够提供多重价值，在这些价值的融合交织下，人们能够在元宇宙中获得真实、自由的虚拟体验。

2. 创造价值

创造价值是指元宇宙在发展过程中会催化多行业的技术积累与突破，同时也会催生新的行业、商业运营模式等，甚至会部分改变人类的生活方式，这必然带来新的总量经济。元宇宙中的消费品既可以是现实中消费品的转移，也可以是元宇宙中产生的新的消费品类。

例如，奢侈品品牌 Gucci 与虚拟形象科技公司 Genies 合作，在 Genies App 中上线了上百套服饰以供用户挑选，如图 1-3 所示。此外，Gucci 还在 Roblox 中推出了一款虚拟潮鞋，人们可以在 Roblox 中购买并试穿，然后将图片发布到社交平台上。

3. 发掘价值

图 1-3　Gucci 推出的虚拟服装

发掘价值是指在元宇宙的虚拟世界中，由于现实世界中各种客观限制的减弱或消失，虚拟世界中的新型工具、方法和呈现方式得到应用，甚至会出现违反现实世界物理秩序的新准则，个人和组织有望在其中发掘和重新实现自我价值。例如，在现实世界中，由于种种客观因素的限制，建筑设计师难以充分发挥想象力，设计出天马行空的作品。但是在元宇宙中，摆脱了现实世界材料、场地等各种因素的限制，建筑设计师能够更加随心所欲地进行自由设计。

伦敦某建筑工作室就为巴塞罗那某组织在虚拟世界里搭建了一个虚拟会议中心，如图 1-4 所示。该会议中心不仅建有虚拟会议室，还有虚拟电影院和露天剧场。在各类虚拟建筑的设计方面，基于设计的自由性，这些建筑体现出了浓厚的巴塞罗那风格，具有强烈的美学震撼力。

图 1-4 虚拟会议中心

4. 扩大价值

扩大价值是指人们创作的内容除了可以在现实世界中体现价值，还可以在虚拟世界中转化为数字资产，从而实现价值的扩大。

2021 年 3 月，北京悦·美术馆推出了"DoubleFat 双盈——首届 NFT 加密艺术展"，邀请了 200 余位加密艺术创作领域的艺术家参展。开幕式现场焚烧了艺术家冷军的一幅绘画作品，将其打造为 NFT（Non-Fungible Token，非同质化通证）数字艺术品并进行竞拍。最终，这幅作品以 40 万元的价格成交。

随着基于人类社会发展和科学技术进步所带来的元宇宙的逐步兴起，我们可以清晰地判断，这必将成为新一轮财富创造和积累的新起点。当然，价值是核心要素，因而，无论从社会角度还是个人角度，元宇宙都是一个值得关注的新兴事物，并可能蕴含着更广阔的价值空间。

1.4 互联网大厂竞相入局，上市公司价值重构

自 Roblox 上市，元宇宙概念进入资本圈以来，其迅速成为资本市场的吸金利器，众多互联网大厂也因为搭上了元宇宙的顺风车而实现了飞速发展。

2021 年 3 月，经历 8 轮融资的"地球元宇宙第一股"Roblox 上市，首日股价上涨 54%，估值一年上涨近 9 倍。搭建元宇宙的场景迅速被视为游戏行业的重要发展方向，腾讯、字节跳动、微软等国内外公司纷纷入局。而在 2021 年 4 月，Roblox 上市约 1 个月后，世纪华通旗下点点互动团队开发的元宇宙游戏 *LiveTopia*（闪耀小镇）于 Roblox 火速上线，随后飞速发展为现象级元宇宙产品，如图 1-5 所示。截至 2022 年 1 月，*LiveTopia* 用户突破 1 亿人，月活跃用户突破 4000 万人，累计访问达 6.2 亿次。*LiveTopia* 的亮眼表现使得世纪华通引来了更多关注，其股价自 2021 年 8 月持续上涨，累计涨幅接近 50%。

除了游戏领域，XR 领域的融资动作加剧，许多元宇宙相关技术公司都获得了新的融资。2021 年 4 月，全息 AR 应用技术提供商微美全息获得 8380 万美元的融资，领投方包括盛世景投资、新加坡大华创投等。在获得融资之后，微美全息于 2021 年 8 月宣布成立全息元宇宙事业部，布局元宇宙全息技术的研发，拓展全息技术在元宇宙场景中的应用。

图 1-5　*LiveTopia*

从微美全息的发展来看，布局元宇宙为其提供了新的发展方向。2020 年 4 月，微美全息头顶"全息 AR 第一股"的标签成功上市，却并未获得资本的掌声。自上市后，微美全息的股价较发行价持续下跌，资本市场对其反响较为平淡。在这种情况下，微美全息必然希望做出完美的新动作提振股价，而布局元宇宙则起到了立竿见影的效果。在宣布进军元宇宙领域当日，微美全息股价上涨 3.08%，并实现了连续几个交易日的持续上涨。

在元宇宙风口之下，上市公司迎来了发展的新机遇，入局的互联网大厂也越来越多。天眼查数据显示，自 2021 年以来，多家互联网大厂已经注册元宇宙商标，其中包括腾讯申请注册的"QQ 元宇宙""王者元宇宙"，爱奇艺申请注册的"奇遇元宇宙"等。

仔细观察这些互联网大厂在元宇宙方面的动作就会发现：一方面，其会以先进技术为利器，进行 AI、XR 硬件及软件技术等方面的研发；另一方面，基于在社交、用户等方面的优势，这些企业会发力于多种元宇宙应用的构建。

以 Meta 为例，Facebook 在 2021 年 10 月 28 日的 Connect 2021 增强现实和虚拟现实发布会上宣布更名，扎克伯格说："今天，我们通常被视为一家社交媒体公司，但是在我们公司的 DNA 中，其实是一家建立连接人们技术的公司。元宇宙是下一个科技前沿领域，就像当初我们搭建社交网络一样。"

Meta 全力押注元宇宙，在元宇宙领域进行了多方面的布局。通过在技术方面的深入探索，Meta 推出了构建元宇宙的开发平台 Presence Platform。该平台不仅可以连接虚拟世界和现实世界，还提供了一系列的开发工具，如为应用程序添加手部交互动作的 Interaction SDK、构建语音输入体验的 Voice SDK 等，以便开发者通过这些工具创建混合现实环境和感受真实的互动体验。

在硬件方面，Meta 推出的 VR 头显设备 Oculus 系列产品深受用户喜爱。IDC 数据显示，2021 年，Meta VR 设备的市场占有率高达 75%，较 2020 年大幅增长。同时，在 Connect 2021 大会上，扎克伯格表示公司未来会持续聚焦元宇宙领域，加快全新高端 XR 头显和全功能 AR 眼镜的研发。

在软件方面，Meta 从游戏、办公等多领域发力，深入挖掘元宇宙在各领域的应用。Oculus 系列产品（如 Oculus Rift、Oculus Quest）都拥有多样的 VR 游戏，同时也在不断吸收新的 VR 游戏。在 Connect 2021 大会上，Meta 宣布 Oculus Quest 2 将引进 GTA VR 版本，并推出新游戏《剑与魔法》。此外，Meta 还推出了 VR 会议平台 Horizon Workrooms，为用户提供高沉浸感、高自由度且虚实交互的虚拟办公空间。

互联网大厂竞相入局，除了能够抓住元宇宙风口，实现企业价值重构，也必然会为整个产业链甚至普通人参与元宇宙提供更多机会。互联网大厂实力强劲、技术领先、流量巨大，各种产业投入和布局显然降低了元宇宙的参与门槛，也提供了多元化的元宇宙内容，使大量中小企业和更多个体能够更加简单地参与到元宇宙的建设中。面对这一客观趋势，洞悉商机，抓住机遇，快速入局，才能更好地抓住元宇宙的机遇，在风口上感受价值，尝试实现财富的积累和增长。

Epic Games 的首席执行官蒂姆·斯维尼曾表示，元宇宙不属于任何行业巨头，而是众人共同创造的结晶。任何人都可以通过内容创作、游戏设计等方式在元宇宙中创造价值。元宇宙的发展带来了全新的价值体系，在未来世界中，人们的职业将不再只是现实世界中的建筑师、设计师等，还可能会成为虚拟世界中的建筑师、设计师，甚至是全新的职业。在创作空间自由、创作工具多样化的元宇宙中，人们天马行空的创意将通过多种形式转变为个人财富。

1.5 转变思维：从产品思维到用户思维

当前市场中，无论互联网大厂还是上市公司，都在争相进入元宇宙，而众多的创新创业公司也在谋划如何搭上元宇宙的顺风车，这从侧面验证和展现了元宇宙领域的无限潜力。客观来说，元宇宙还处于发展的早期阶段，但在其发展的过程中，将带来新一轮的产业升级和财富积累。

在这个阶段，无论想进行元宇宙领域的创业还是进行元宇宙领域的投资，都需要关注一个核心问题，即这个创业项目或者投资项目是不是真正具备以用户体验为中心，为用户提供个性化服务的能力。长久以来，用户体验方面难以有真正的创新和突破，而元宇宙的演化将会为我们提供能够满足用户更高体验要求的"终极武器"。

流量是互联网发展的关键要素，其本质是对注意力经济的完美诠释，是商业变现的黄金右手。在当前这个注意力稀缺、产品过剩的时代，用户为王代替产品为王成为新的经营守则。企业在打造产品时，大多都在强调需要明确用户的需求和痛点，为用户提供优质体验，而事实上，基于现实世界的局限性，企业往往缺乏切实有效的方法和手段。元宇宙的横空出世带来了用户思维落地的可行性，其与生俱来的能够带给用户沉浸感、真实感的特点，具备吸引流量、吸引用户的特质，可以更好地构建从用户出发、关注用户体验的项目内核和全新竞争力。

例如，一些VR体验项目会使用先进的VR设备，并打造多样的VR体验活动；一些NFT项目也会支持用户的自由创作或提供定制化的NFT商品，其背后都体现了这些项目的用户思维。

再如，当下十分受欢迎的VR主题乐园幻影星空，以丰富的VR体验项目吸引了大量用户。幻影星空自主研发了多款VR产品，同时会根据用户的喜好开发VR内容，并不断对设备进行更新调试，保证VR项目能够受到用户的喜爱。

在VR项目方面，"乐享卡丁车"能够为用户提供VR赛车体验，让用户在热血的拉力赛中享受驾驶的乐趣；VR影院可以为用户提供高沉浸感的全景观影体验，同时提供海量VR影视资源；"暗黑战场"以沉浸式的实时交互为卖点，提供一个双人VR电竞对抗平台，用户可以真实体验竞技射击的快感。此外，幻影星空还会推出不同的VR体验产品，涵盖VR娱乐、VR科普、AR智能科技儿童乐园等。凭借多样化的沉浸式内容，幻影星空收获了大批忠实粉丝。

因此，在进行元宇宙创业时，创业者不仅要提出商业计划，打造优质的元宇宙产品，更要分析创业理念能否被用户所接受，元宇宙产品是否满足用户需求、能否吸引更多用户等。同样，在进行投资时，投资者也要对元宇宙项目的商业逻辑、产品技术等进行分析，了解其能够在什么层面上满足哪些用户的何种需求。只有以用户为中心、受到用户追捧的元宇宙项目，才能够拥有发展的根基和投资价值，能在用户的支持中获得流量支撑，逐渐发展壮大。

1.6 商业思维迭代，个人 IP 价值凸显

商业是通过买卖的方式实现商品流通的经济活动。在激烈的市场竞争和产品同质化的现实压力下，为实现产品销售，许多企业都会选择以薄利多销的方式进行资本积累。因而，打造单品、爆款等方法已经成为近年来市场营销中十分常用的手段。然而，这些方法在实际操作中却存在非常多的难点。

当元宇宙时代临近时，激烈的市场竞争和产品同质化这两个难以逾越的现实难题有了破解的思路和可能性。元宇宙的商业功能已经不再是在原来的维度上满足社会的物质需求，而是可以提供更为贴近消费者沉浸需求的产品，或者将市场转移到虚拟数字世界中，开辟全新的巨大市场。

这意味着，元宇宙的出现和逐步发展会为原有的商业思维和盈

利方式带来巨大冲击。以往的很多创业企业都是凭借信息不对称、我有你无的优势获得收益的，或者凭借现实世界的区域分割、行业分割等形成资源、渠道构建盈利模式，并借此获取收益。但随着现代信息技术的发展、互联网的普及及元宇宙的粉墨登场，信息的传输总量增加和传输速度加快，我们已经进入了信息过剩的时代，注意力经济应运而生。在此背景下，商业机会被无限拉低，原有的产业壁垒和行业壁垒不再高不可攀，虚拟数字人、创意提供、内容创作等一系列领域都存在大量的创业机会。

借助各种智能终端设备、开放工具平台等，任何有创意的人都可以将自己的创意转化为收益，大大降低了创业的门槛。其中，在创作者经济爆发的今天，个人 IP 的打造和放大，可以让个人收益最大化，并推动个人价值的增值。

在几年前自媒体爆发的时代，许多人凭借知识付费和打造个人 IP 实现了成功转型和财富增长。以得到 App 创始人罗振宇为例，他曾是《经济与法》《对话》等节目的制片人，作为传统媒体领域的从业者，在自媒体这一新的趋势兴起时，他敏锐地察觉到了其中存在的商机。而后，罗振宇创办了自己的微信公众号，输出了大量原创内容，涉及互联网、人文、历史等多个方面。在长期的内容输出、社群运营下，罗振宇聚集了大量忠实粉丝，也打造出了颇具影响力的个人 IP。这为其销售知识付费课程、创办得到 App 等奠定了庞大、稳定的用户基础，也让自身输出的知识长久变现。

除了罗振宇，孵化出"奇葩说"的马东、蓝狮子创始人吴晓波、"樊登读书"创始人樊登等各路高手，都凭借独特的个性化人格和包装传播，借知识传播、知识付费等各种名义，成为知名 IP。而在元宇宙爆发、创作者经济蓬勃发展的当下，个人 IP 将发挥更大的作用，展现出更强的变现能力。

除了真人 IP，基于人工智能的虚拟数字人的高调出场，也为庞大的 IP 场景增添了更为靓丽的色彩。虚拟数字人拥有通过 CG（Computer Graphic，计算机软件绘制图形）技术创造出的与人类形象接近的数字化形象，同时具备表达、感知等能力，能够与人进行互动。从外形上来看，虚拟数字人可分为平面、3D 卡通、3D 写实、真人形象模拟等四种类型，如图 1-6 所示。

图 1-6　虚拟数字人的四种类型

整体来看，无论以何种形象、何种身份出道，打造 IP 都成了虚拟数字人重要的发展方向。2022 年，在各大平台的跨年活动中，众多虚拟数字人纷纷亮相，邓丽君以虚拟形象与真人歌手同台献唱；

曾登上 2021 年春晚的虚拟偶像洛天依，也在 2022 年江苏卫视的跨年晚会上与真人组合实现了同台演出。

除了传统虚拟偶像的 IP 影响力不断提升，新兴的虚拟偶像也在不断产生，以新 IP 征战娱乐市场。2022 年 1 月，韩国 LG 电子宣布，旗下虚拟数字人"金来儿"将以虚拟偶像的身份出道，如图 1-7 所示。

为了给金来儿的出道造势，将其打造成知名 IP，LG 电子不仅公开了金来儿的 MV 预告视频，还表示其已经与经纪公司 MYSTIC STORY 签订了合作协议，之后金来儿将参加 MYSTIC STORY 推出的"虚拟人音乐家项目"。未来，金来儿将瞄准"创作歌手兼 DJ"的细分定位，融合音乐、时尚、视觉艺术等，以专业的创作和表演积累人气。

图 1-7　虚拟数字人金来儿

无论老牌虚拟偶像还是新兴虚拟偶像，打造自身 IP、扩大 IP 影响力，都是其延续自身生命力的关键。这也体现了在元宇宙发展的大环境下，IP 依旧是吸引流量的杀手锏。

同时，在创作者经济不断崛起的过程中，优质内容依旧是打动用户的关键。元宇宙的发展伴随着内容创作的大爆发，创作者的重要性被大大凸显。而在元宇宙内容生态搭建的早期，基于内容的稀缺性，与元宇宙相关的短视频、音乐、文字等，都可能会引起大量关注。

在这一机遇下，抓住时机率先入局的创作者更容易打造出爆款内容，形成自己的个人 IP，为之后的创作、个人品牌营销等奠基。

此外，相较于传统的个人 IP，元宇宙自由创作的特性打破了时间与空间的限制，使得 IP 具有更大的想象空间。

目前，一些元宇宙游戏领域的开发者、NFT 艺术品领域的数字艺术创作者等，都在元宇宙的风口下通过内容创作实现了变现，并且建立了个人 IP。而一旦一个人形成了个人 IP，就有了变现的强大生命力。从这一角度来看，元宇宙领域的创业者需要重视个人 IP 在元宇宙创作者经济下的重要意义，积极布局个人 IP。

第 2 章 巨大参与空间，多层面获利催生财富

元宇宙中潜藏着各种各样的商机和参与空间：资金充足的创业者可以搭建元宇宙创业团队，打造元宇宙细分项目；拥有技术优势的创业者可以以技术参与元宇宙创业项目，以分红获利；拥有渠道优势的创业者可以整合产业多环节资源，开展元宇宙新业务；拥有创作才华的创作者可以通过 NFT 作品的创作、出售获得收益……

当前，几乎各个层面和方向都已经有先行者在研究、试探、尝试和决然前进，为元宇宙产业的发展积累了宝贵的经验和教训，也摸索出了一些成功的模式，为后来者树立了一座座灯塔。

2.1 资本层面：凭借资金优势，独立做细分项目

在元宇宙风口下，一个发展路径清晰、前景光明的元宇宙项目更能撬动元宇宙利益的蛋糕。因此，拥有资金优势的创业者，可以找到一个自己擅长的元宇宙方向，创建团队，深入打造元宇宙细分项目，以此抢占先机，获得更多收益。

2021年6月，一款名为"Oasis"（绿洲）的社交App在巴西爆红，7月初上升至巴西App总榜前5名，排名超过了Facebook、Twitter等知名社交软件。该App的火爆使其背后的创始人尹桑获得了更多关注。

尹桑是一名成功的连续创业者。在首次创业之初，他接触到了电影《头号玩家》的原著小说《玩家一号》，对VR和虚拟世界产生了浓厚的兴趣，这也是App被命名为Oasis的原因。

彼时的尹桑正在进行线下社交娱乐领域方面的创业，并赚到了创业的第一桶金。出于兴趣，他参与了Oculus DK1和DK2的众筹，早早接触到了VR设备。而后在2018年，尹桑聚焦虚拟世界社交，推出了社交App Oasis。在此后的发展中，Oasis VR版率先在各类VR平台中上线。2020年，其又升级为覆盖面更广泛的移动版本。

用户在Oasis中可以得到怎样的社交体验呢？进入Oasis后，用户可以创建自己的账号，并通过捏脸创建自己的虚拟形象，如图2-1

所示。之后用户便可以在主页中选择不同的世界进入，沉浸式体验不同主题的虚拟世界。

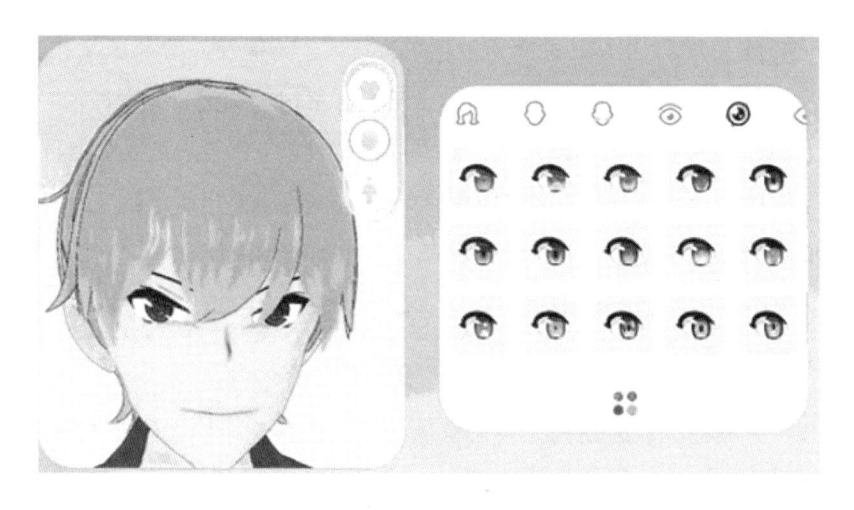

图 2-1　Oasis 中的捏脸界面

与普通社交平台不同的是，Oasis 中的社交场景更具沉浸感和交互性。凭借 VR 设备，用户以虚拟化身进入虚拟场景，能够获得更多的临场感，同时，用户也可以自由进行动作交互、传递表情等。此外，用户在其中的社交行为也不只有语音交互，而是可以进行多种娱乐社交，比如，可以在其中唱歌，玩各种桌游，通过在虚拟世界中投屏观看足球比赛等。

此外，当前以"00 后"为代表的新一代年轻人显示出了诸多独有的特质，展示出了新的社交需求。一方面，年轻人对于个性化的需求越来越高，定制化的虚拟形象、社交场景、活动总结报告等更能获得年轻人的青睐；另一方面，年轻人对于"创造"的需求与日俱增。相比于平台提供的多样化社交内容，年轻人更重视内容的共创，以展现自身创意，获得更自由的社交体验。基于以上需求，Oasis

融入了越来越多的 UGC（User Generated Content，用户生成内容）工具，力求打造一个多人在线、全员参与的沉浸式开放世界。

进入 2021 年后，元宇宙的爆发描绘了 Oasis 发展的未来图景，为 Oasis 带来了新的机会，Oasis 也在不断迭代中变得更加完善。一方面，Oasis 在虚拟形象打造方面不断更新功能，让用户可以从上百个维度自由创建虚拟形象，更好地满足用户的个性化需求；另一方面，为实现 3D 交互的社交网络，Oasis 也在不断加深用户的沉浸感。凭借全身动作捕捉设备和平台全身骨骼算法，用户可以在虚拟世界中更自由地交互。

尹桑的创业之路为元宇宙领域的创业者指明了一个创业方向：创业者可以以资本入局，搭建元宇宙项目。在这个过程中，创业者要瞄准项目的目标用户，根据其需求不断更新产品功能，同时要明确项目的愿景和发展路径，始终向着正确的方向进发。

2.2 技术层面：获得项目股权，参与分红

元宇宙项目的搭建需要资金的支持，也需要技术的支持。在人工智能、虚拟现实、3D 建模、可穿戴设备研发等方面拥有技术才能的人才可以通过加入元宇宙项目的方式，以项目股权获得相应分红。

对于这部分技术人才而言，如何才能找到合适的元宇宙创业项目呢？当前，一些学校基于校企合作的方式培育优质创业项目，技术人才可以从中寻找适合自己的元宇宙项目。

2021年10月，第四届"京津冀－粤港澳"青年创新创业大赛艺术与科技赛道"元宇宙特别计划"在清华大学召开启动仪式。此次活动中，清华大学艺术与科技创新基地启动了"元宇宙特别计划"，将在未来以"艺科元宇宙"为主题，与罗布乐思合作，在其平台上进行概念设计表达，产出各种与元宇宙相关的未来博物馆、未来城市、文化遗产等方向的作品。

虽然元宇宙在当前还停留在概念阶段，但在5G、VR、AR等技术的加持下，元宇宙的未来前景逐渐清晰，为构建与现实世界平行的虚拟世界创造了可能性。因此，元宇宙创业领域也受到了更多关注。

清华大学创新创业教育总协调人刘培在致辞中表示："我们希望鼓励广大青年面向未来视角，以打造数字经济新优势为目标，在'元宇宙'的概念下推出新的概念与产品服务。"未来，清华大学艺术与科技创新基地将通过引导学生运用技术与艺术融合的方式，激发创业者的创造活力，推动创新应用的研发。

同时，在此次活动上，主办方凭借清华大学"校企行"专项行动之一的"NS-Plan"创业新星计划，推出了专场创业训练营。该训练营邀请了来自国家电网、腾讯等企业的创新创业导师，对基地的6组创业项目进行了辅导与资源对接。其中的创业项目包括提供多种体验的数字博物馆、聚焦混合现实技术的共享平台、为残疾人提供生活帮助的智能仿生义肢项目等。

1. 数字博物馆

在活动中，优享视界数字博物馆创始人介绍了自己的数字博物馆项目，数字博物馆围绕内容建设政治正确、知识性、趣味性、互动性等原则，通过各种先进技术为观众提供沉浸式体验、未来体验、娱乐体验、教育体验等多种体验。在活动现场，他还向观众进行了现场展示。当观众欣赏一幅绘画名作时，可以通过交互屏幕了解作品的作者信息、历史传承、名家点评等，从而更完整地了解作品知识。同时，博物馆还会通过沉浸式投影营造"数字画廊"，打造沉浸式展览场景，让观众近距离"触碰"数字展览作品。

2. 共享平台

MR能够模糊虚拟世界与现实世界的界线，而灵境世界MR内容创作共享平台就凭借混合现实技术，打造了一条通向元宇宙的"仿真之路"。在活动现场，该团队创始人介绍，该平台具有完善的创客工具、演播合成器及内容云平台，可以实现会议直播、直播带货、混合现实展厅、虚拟导游等多个应用场景。

3. 智能仿生义肢项目

在智能仿生义肢项目方面，来自清华大学的专铸科技团队利用"全仿生机械结构"和"AI定制和控制"技术，使仿生义肢更加灵活。同时，该创业团队不仅致力于智能仿生义肢的设计，还致力于生产全面智能化的康复用品、残疾人生活用品等，并搭建针对康复及残疾人的教育、就业生态服务体系，为该群体提供更全面的帮助。

清华大学艺术与科技创新基地主任付志勇表示："启动'元宇宙特别计划'，就是希望可以依托艺科元宇宙的资源优势开启艺科领域的研究，并对相关方向创新创业项目进行扶持。"在基地合作企业资源、培训导师资源等多种资源的助力下，元宇宙相关创业项目也能够获得更好的发展。

技术人才在寻找优质元宇宙创业项目时，可以关注以上获得名校扶持的元宇宙明星创业项目，从中寻找技术入局的机会。

2.3 渠道层面：整合产业上下游资源

资源整合对于创业者而言十分重要。一方面，通过资源整合，创业者能够明确自己所缺少的东西，并找到自己所缺的资源；另一方面，创业者也能够通过资源整合明确自己所拥有的资源，与上下游企业进行合作。无论哪个领域的创业者，为了降低成本、提高效率，都有必要整合产业上下游资源。那么，元宇宙领域的创业者应怎样打通产业上下游，实现资源整合呢？

创业者首先要明确自身优势，再分析自身需要什么样的资源。例如，如果创业者的公司是一家 VR 技术服务开发商，那么上游就涉及技术研发、原材料供应等；下游需要的是应用服务方案的相关客户。这些配套的上下游资源能够壮大创业公司的力量，使其获得更好的发展。

在联合产业上游资源方面，创业者可以根据自己所缺的技术资源、人才资源等，与高校进行合作。例如，2020 年 10 月，上海艺铂软件设计咨询有限公司和上海杉达学院达成合作，将在 Unreal Engine（虚幻引擎）、AR、VR 等方面进行业务合作，实现课程共建、师资培养、人才输出等。

上海艺铂软件设计咨询有限公司是美国知名游戏开发商 Epic Games 公司的全资子公司，而 Epic Games 旗下的核心技术产品就是 Unreal Engine，该引擎不仅被广泛应用于各大游戏的开发中，还深入渗透影视、建筑设计、工业设计等领域。依托 Epic Games 的赋能，上海艺铂软件设计咨询有限公司拥有深厚的技术基础，在虚拟现实领域遥遥领先。

此次合作协议达成后，上海艺铂软件设计咨询有限公司向学校捐赠了相关软件，并提供用于研究、课程、学生实习等方面的项目基金，以此培养优秀的开发和设计人才。同时，公司也会为教师的教学、科研提供支持，帮助教师进行虚拟现实相关项目的研究。

此次合作有效增强了上海艺铂软件设计咨询有限公司的实力。一方面，通过校企合作，学校可以向公司输送符合公司发展需求的核心技术人才，为公司补充新鲜血液；另一方面，校企合作也为公司软件应用提供了更多实践场景，有利于公司更好地进行产品更新迭代。

除了在上游积极寻求合作，创业者也需要通过与下游企业合作扩展应用落地场景。在这方面，众趣科技有限公司（以下简称"众趣科技"）做出了良好示范。

众趣科技是一家互联网数字孪生技术服务方案提供商。公司通过自主研发的数字孪生 AI 3D 视觉算法、互联网三维渲染技术等，帮助客户进行空间数字化构建，为 VR 展厅、VR 电商、VR 家居、工业数字孪生等多个领域提供服务。

在拓展下游应用方面，众趣科技与多家企业达成了合作。例如，其与齐家网达成合作，为齐家网提供 3D 实景空间展示方案。凭借该展示方案，用户可以在齐家网 720°无死角浏览装修设计效果，感受逼真的实景空间，获得沉浸式的漫游体验。同时，在 1:1 的 3D

实景空间中，用户还可以通过手机测量完成硬装后的空间尺寸，以此选择合适的家具。众趣科技和齐家网的合作为家装企业提供了 VR 实景展示平台，能够帮助家装企业更好地实现客户引流，吸引更多的精准客户。

除了齐家网，众趣科技还为字节跳动、腾讯、京东、红星美凯龙等多家知名企业提供技术服务，覆盖家装家居、电商零售、娱乐健身等众多领域。

资源整合能够帮助创业者打通上下游渠道，推动创业公司快速发展。在新兴的元宇宙领域，要想打造一个成功的创业项目绝非易事，因此，创业者有必要寻求高校、科研机构的帮助，提升公司竞争实力，同时也要加强与下游企业的合作，推动应用的广泛落地。

2.4 流量层面：创作者角色，NFT 助力

在以项目获利之外，作为独立的个体，创业者也能够作为创作者在元宇宙领域获得收入。例如，通过 NFT 铸造与销售，创作者能够吸引流量购买 NFT 作品，将自己的创意转化为收入。

2021 年 2 月，印度艺术家 Amrit Pal Singh 开始创作"Toy Faces"（玩具面孔）系列 NFT 作品，获得了许多用户的喜爱，如图 2-2 所示。

图 2-2　Toy Faces 系列 NFT 作品

Toy Faces 系列 NFT 作品为不同人物和角色的卡通式 3D 肖像，每一个作品都拥有独一无二的编号。虽然价格各不相同，但每个 Toy Faces NFT 的售价都在 1 个以太币以上，按当时以太币兑换美元的汇率，这些 NFT 作品为该艺术家带来了超过 100 万美元的收入。

除了 Toy Faces 系列作品，该艺术家还设计并出售了一个名为"Toy Rooms"（玩具房间）的 NFT 系列作品。这系列作品以描绘不同房间的 3D 插图为主，包括迪士尼动画电影《阿拉丁》中的洞穴、动画《辛普森一家》中的客厅等。其中，每个 Toy Rooms NFT 的售价也在 1 个以太币以上，这些作品再次为该艺术家带来了巨额收入。

由此可见，作为创作者，发布 NFT 作品获取收入是以元宇宙创收的重要方法。在我国，NFT 中国作为我国最大的综合 NFT 交易平台之一，能够为创作者创收提供可行途径。

在 NFT 中国中，用户可以铸造、展示、交易、拍卖 NFT。NFT 中国上的交易是一种链上交易，支持用户通过人民币购买 NFT，同时通过区块链智能合约保障交易结算。在交易过程中，NFT中国不会预收买家的资金，交易担保和结算都是通过链上智能合约实现的。

NFT中国的优势主要表现在以下几个方面。

（1）一站式交易平台：NFT中国是品类丰富的NFT综合交易平台，能够为用户提供一站式交易服务，这有利于集中用户流量，提高商品的曝光度。无论用户想要铸造、购买还是交易NFT，都可以在平台上实现。

（2）人民币支付体系：在NFT中国消费或出售NFT时，用户不需要安装数字钱包，可以通过支付宝、微信直接交易，安全便捷。

（3）去中心化存储：NFT中国上铸造的NFT储存于去中心化网络中，能够保障数据的持久性和不可篡改。

（4）低门槛且收费清晰：NFT中国用户门槛低，不设发行限制，并且其只对增值交易额（两次出售增长的差价）收取10%的手续费。

（5）丰富的内容生态：NFT中国通过"区块链+内容+社区"的综合布局，打造了一个相对完善的区块链内容生态。同时，在越来越多创作者加入的趋势下，NFT中国能够源源不断地向用户供给优质作品，使用户能够有更多的消费选择。

NFT中国致力于打造更多人参与的NFT生态，用户可以一键上传作品，也可以通过人民币快速购买，大大简化了参与流程。对于创作者来说，NFT中国是以创作获得收入的可行途径。

2.5 MetaApp：帮助中小团队实现创意

2021年以来，元宇宙这一热门话题越来越频繁地出现在大众视野中，受到各互联网企业的热捧，腾讯、网易、米哈游等游戏大厂纷纷入局。其中，游戏公司 MetaApp 作为在元宇宙领域布局较早的公司，将以 UGC 内容创作平台为更多的中小团队及个人赋能。

MetaApp 自 2017 年成立后经历了两个发展阶段。第一阶段，MetaApp 凭借虚拟化技术搭建了一个平台，提供各种休闲竞技类游戏，并为中小型开发者提供开发工具，这使得很多优质游戏产品借平台吸引了大量用户。第二阶段，MetaApp 开始为开发者提供多样游戏互动内容的创造、托管服务，以免费服务器助力中小团队进行游戏开发。MetaApp 发展的最终目标是创造一个用户可以沉浸在其中进行交流、娱乐、创作的虚拟世界。

2021年7月，在 BIGC 2021 北京国际游戏创新大会上，MetaApp 旗下的 MetaWorld 编辑器正式亮相。MetaApp 创始人胡森表示，很多创作者都想将自己开发游戏的想法变成现实，但由于游戏开发成本高、创新风险大，创作者难以实现自己的梦想。在较高的游戏开发门槛下，创作者即使有好的创意也难以落地。

而 MetaWorld 编辑器能够将 MetaApp 从一个游戏聚合平台变成一个包含创作生产各环节的完整生态，为创作者提供资源、开发工具、获客、数据分析、变现等全方位的服务。在 MetaApp 平台和

MetaWorld 编辑器的支持下，个人创作者、中小团队等可以自由创作更多富有创意的 3D 互动内容。

MetaWorld 编辑器的核心优势主要体现在以下 6 个方面。

（1）编辑器易上手，大大降低游戏创作门槛。

（2）有强大的用户生态流量加持，同时在推荐算法的驱动下，优秀的游戏内容更能够脱颖而出。

（3）游戏创作完成后可以一键发布上线，不必担心部署和服务器。

（4）拥有强大的数据后台，游戏上线后，创作者可以获得完善的用户数据反馈。

（5）内容库中拥有多样的玩法和资源可供使用，让创作者轻松实现自己的创意。

（6）拥有成熟的商业系统生态，使创作者实现价值变现。

同时，从功能上来说，MetaWorld 编辑器的主要功能有以下几个。

（1）联机功能：提供实时、弹性扩容的联机服务，构建多人联网游戏。

（2）角色系统：提供角色模型和多样的服饰、角色状态、动作表现，能够实现多种游戏角色功能，创造千人千面的游戏体验。

（3）交互系统：提供角色与物体的互动功能，支持创作者设置角色与物体互动的位置和动作，同时搭配真实的物理模拟，让创作者获得 3D 沉浸式交互体验。

（4）技能系统：高度灵活的技能编辑系统可以组合出多样的游戏技能。

（5）热武器系统：创作者可以通过调整各种参数，实现各类热武器的功能。

（6）物理约束：通过物理约束，实现各类带有物理功能的对象。

（7）组件功能：创作模板带有具有逻辑功能的预制件，可以导入、导出、批量迭代游戏对象，提高创作效率。

（8）烘焙光照：支持光源编辑，可以实现自然真实的光照效果。

在以上功能的支持下，创作者在少量编程的情况下，可以迅速搭建起新的游戏场景和玩法。目前，MetaWorld 编辑器还处于测试研发阶段，创作者可到官网抢先预注册体验。打开 MetaApp 官网，进入"核心产品"页面，就可以发现 MetaWorld 编辑器的创作者入口，如图 2-3 所示。

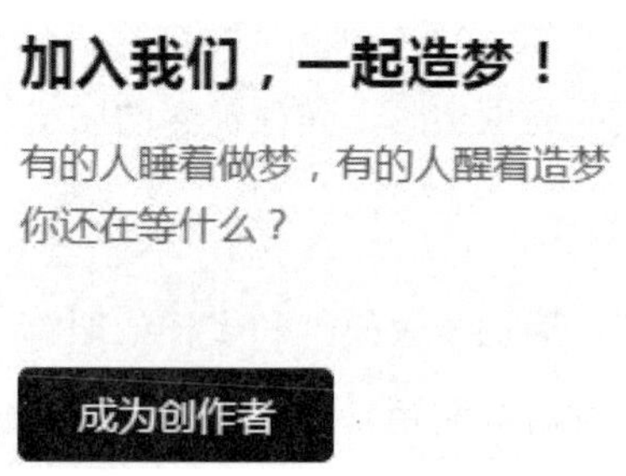

加入我们，一起造梦！

有的人睡着做梦，有的人醒着造梦
你还在等什么？

成为创作者

图 2-3　MetaWorld 编辑器创作者入口

单击"成为创作者"之后就会进入 MetaWorld 编辑器注册页

面,如图 2-4 所示。

图 2-4 MetaWorld 编辑器注册页面

单击"注册"之后,就会弹出 MetaWorld 编辑器的创作者注册信息页面,填好相关信息后,创作者便能够获得提前参与测试的资格,如图 2-5 所示。

图 2-5 创作者注册页面

目前，由于 MetaWorld 编辑器还处于测试、研发过程中，在有限的技术支持下，为确保使用体验更好，其会向一部分创作者开放。而在未来，MetaWorld 编辑器研发成熟正式上线后，其将吸纳更多创作者，为更多创作者打开游戏创作变现的大门。

第 3 章 元宇宙场景搭建：VR 全景内容升级用户体验

在互联网高速发展的过程中，各行各业都在积极进行互联网转型的探索。无论"互联网+"还是"+互联网"，VR 技术的研究、开发和应用的重要性已经成为各行各业的高度共识。在元宇宙世界里，VR 全景技术的重要性更加突出，是场景搭建的核心要素之一。可以预见的是，大量 VR 全景内容需求必将为 VR 全景平台的发展等打开新的巨大创业空间，从而获得广阔的商业应用需求，以 VR 全景内容提供者的身份借助契机进行创业，将是风口出现之前非常好的切入点。

3.1 元宇宙风口下，VR全景行业蓬勃发展

VR全景的本质是一种基于实地采集生成真实图形的虚拟现实技术，用户可以使用VR全景技术任意选择视角，进行空间导览和热点跳转，并可以进行局部缩放，以此模拟人们对真实场景的浏览。近年来，房产、景区、博物馆、展会、汽车等领域都开始尝试结合VR全景技术，进行线上的宣传和展示。

在未来的元宇宙中，凭借VR设备，人们可以在雪山滑雪、在海底潜水，去任何自己想去的地方，并获得身临其境的感官体验。虽然这种成熟的元宇宙何时到来尚未可知，但可以肯定的是，作为元宇宙的发展基础，虚拟现实应用正在快速发展中。其中的典型应用就是通过VR全景搭建虚拟现实环境，带给用户高沉浸感的视觉体验。

VR全景将实景照片进行技术合成后形成全景展示，可以720°环绕展示真实场景。其最大的特点就是真实性强，可以将商场、酒店等场景1:1还原到线上。凭借VR眼镜等设备，用户可以高度沉浸式地体验场景中的真实环境。

元宇宙的发展将推进互联网从2D时代向3D时代转化，而VR全景将在其中发挥重要作用，加速元宇宙世界的构建。在这一趋势下，VR全景的价值更加凸显，也必将得到快速发展。

VR全景有哪些价值？对于企业来说，企业宣传是企业发展的重要内容之一，如果方式不当，那么即使投入了大量资金也难以获得好的宣传效果。而VR全景突破了图文宣传模式，以三维立体的拟真场景带给用户沉浸式体验。同时，用户的转发分享也可以帮助企业提升曝光度。此外，VR全景内容一次拍摄便可以永久使用，不仅提高了企业的宣传效率，也降低了宣传成本。

对于用户来说，VR全景可以大大提升用户的视觉体验。在没有VR全景之前，图文内容展现的信息有限，而去店铺实地考察会耗费用户很多时间、费用等。通过VR全景内容，用户可以低成本甚至零成本获得沉浸式的视觉体验，获得更全面的产品信息，大大降低用户的决策成本。在日常消费中，使用VR全景线上看房、选车、看展览等会更高效便捷，不仅能够带给用户更好的购物体验，还会丰富用户的日常生活，让其看到更广阔的世界。

不只是现在，VR全景在未来也会不断发展。在其广泛应用下，各领域都会得到推动。同时，元宇宙的兴起，也会让VR全景行业产生重大改变，沉浸式内容是元宇宙的扩展关键。

在未来的元宇宙商业世界中，企业将以数字空间实现线下到元宇宙的迁徙。因此，VR全景行业未来有很大的发展空间。随着VR全景技术的不断创新，未来的落地场景也会向着多元化、细分化的方向发展。

元宇宙的构建并不是由几家公司主导的，而是多行业、多企业与个人创作者一起努力才能实现的。同样，除了相关企业，个人也可以参与到VR全景行业中来。VR全景行业需要大量的VR内容制作者，蕴含着无限的创业商机。

以往在电商平台的发展过程中，各商家纷纷入驻平台，在形成丰富多元的电商生态的同时也获得了丰厚的红利。同样，借助 VR 全景服务平台，创业者可以作为创作者输出大量的 VR 全景内容，以此获得收益。元宇宙为 VR 产业打开了更大的商业空间，当元宇宙成为互联网发展的下一站时，VR 作为通用性技术和元宇宙的入口，将展现巨大价值。

3.2 VR 应用推动营销虚拟化变革

近年来，随着 VR 技术的发展，VR 相关应用在 B 端的落地场景越来越多，VR 营销也成为很多商家青睐的营销方式。VR 营销可以带给用户沉浸式体验、打造营销记忆点并提高营销转化率。VR 营销爆发以来，其市场规模逐步扩大。

VR 作为当前的新兴事物，还没有完全普及，对于喜欢追求新事物的年轻人而言更具吸引力。其能够抓住用户的猎奇心理，让用户以体验新事物的心态看广告，提高用户对于广告的接受程度。

同时，和传统的营销方式相比，VR 营销更具灵活性。其能够让用户在沉浸式场景中自由探索，提高用户的参与感。此外，沉浸式场景能够比平面展示出更详尽的内容。例如，在 VR 看车过程中，用户不仅可以以 720°旋转欣赏车身，还可以切换场景、更换汽车颜色等，从而了解汽车的更多信息。

VR 营销对各行各业都十分有利，很多行业也进行了 VR 营销方面的实践，如图 3-1 所示。

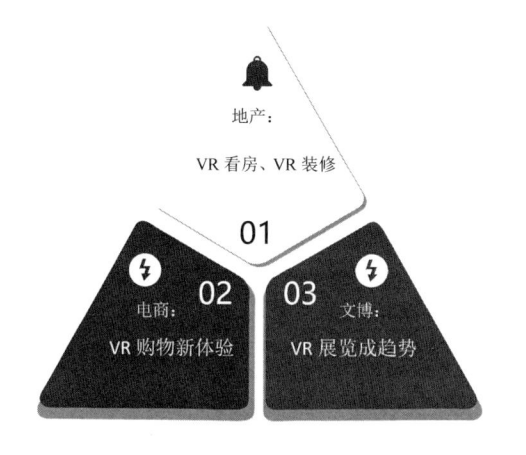

图 3-1 各行业的 VR 营销实践

1. 地产：VR 看房、VR 装修

当前，VR 看房已经成为很多房地产服务平台中的核心功能，链家、贝壳等多平台纷纷上线了 VR 看房功能，以展示更全面的场景，如图 3-2 所示。

图 3-2 VR 看房场景

凭借 VR 看房功能，用户不仅能够了解房屋的房源、户型、面积等信息，还可以在 3D 空间中感受逼真的室内实景，自由进行沉

浸式空间漫游。

VR 装修在当前也十分普遍。借助 VR 技术，在虚拟样板间内，用户可以提出自己的设计方案，挑选自己喜欢的产品，自己动手装饰房间。这种方式不仅具有很强的趣味性，还能让用户更直观地了解产品特征、产品信息等，并明确自己想要的装修效果。

2. 电商：VR 购物新体验

VR 购物是近年来新兴的一种购物方式，在手机上，用户不仅可以 360°查看商场全貌，还可以进入商场中，在其中自由浏览、购物。广州 K11 购物中心就上线了 VR 购物功能，如图 3-3 所示。

图 3-3　广州 K11 购物中心 VR 购物场景

用户通过小程序进入 VR 探店页面后，可以 360°浏览商场全貌，进入商场后可以自由探店、浏览商店中的各种商品。如果想要购买某件商品，只需要一键呼叫就可以与店员进行一对一的沟通并购买商品。

3. 文博：VR 展览成趋势

在文博领域，VR 与展览的结合使用户足不出户就可以欣赏到博物馆中的精美艺术品。2020 年 5 月，由中国博物馆协会等主办的文创节上线，在活动中，借助 VR 技术，一个个精美文物走出玻璃柜来到用户眼前。用户不仅可以近距离欣赏，甚至可以"触摸"。此外，在此次 VR 展览中，用户不仅可以获得身临其境的观赏体验，还可以聆听专家的讲解，在沉浸氛围中聆听文物背后的动人故事。

3.3 VR 全景内容制作：照片拍摄+照片拼接+平台制作

在新冠肺炎疫情（简称疫情）的影响下，很多人的出行和消费习惯发生了改变，从客观上加大了 VR 全景内容的需求。而乘着元宇宙的东风，VR 全景内容广泛出现在大众视野中，VR 看房、VR 看车、VR 导航、VR 旅游等越来越火热。企业对 VR 全景技术的应用更加依赖，人们对 VR 全景内容的接受度也越来越高。在这种趋势下，很多创业者都想通过 VR 全景内容制作获得收益，那么具体到实践方面，创业者应如何进行 VR 全景内容制作？

VR全景内容制作主要分为以下三个步骤。

1. 拍摄照片

创业者首先需要拥有一定的摄影技能，对摄影器材、器材组装、拍摄技巧等有一定的了解，这对于学习VR全景内容制作是一大优势。

全景照片的拍摄一般需要四件工具：单反相机、三脚架、鱼眼镜头和全景云台。其中，鱼眼镜头能够提供更为广阔的视角，减少照片后期的拼接；全景云台能够对相邻之间照片的角度进行把控，同时实现绝对的水平或垂直。

在拍摄时，一般将拍摄的角度设置为60°，这样只需拍摄6张照片就能够涵盖360°的场景。同时需要注意的是，为避免后期拼接出现问题，相邻照片之间的场景应存在30%左右的重合部分。

2. 照片拼接

在照片拼接部分，涉及专业的拼接软件，如PTGui，其操作十分简单易学。首先，打开软件后，单击"加载图像"，把拍好的照片导入软件中，如图3-4所示。

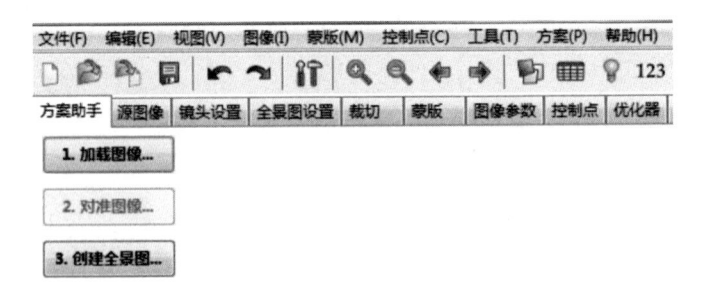

图3-4 加载图像

加载好图像后，就可以单击下面的"对准图像"，软件就会自动拼接图片。如果拍摄的所有照片张数没有问题，便可以得到一张完整的全景照片。在创建全景图的过程中，我们可以设置图片尺寸、选择图片格式等。等软件输出完毕后，即可得到一张全景照片。

3. 平台制作

在进行 VR 全景内容制作时，创业者也需要选择合适的平台。以 720 云 VR 全景制作平台为例，登录官网后，单击主页中"发布"下方的"从素材库添加"，便可以将所有全景图片一起上传，如图 3-5 所示。

图 3-5　添加素材页面

所有图片上传完成后，创作者可以编辑 VR 全景内容的标题、简介等，还可以从左侧工具栏处对内容的视角、热点等细节进行调整，如图 3-6 所示。所有调整完成后，便会得到一个完整的、包含多视角的 VR 全景内容。

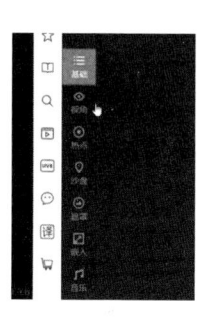

图 3-6　软件工具栏

要想创作出优质的 VR 全景内容，创业者需要反复练习以上三个步骤，尝试使用不同软件的各种详细功能，提升内容品质。此外，为了提升内容的美观度，在完成照片拼接后，创业者也可以使用 PS 等软件调整照片的色调、饱和度等，以获得更好的视觉效果。

3.4 获取客户资源，顺利完成交易

对于 VR 全景创业者而言，怎样才能找到客户资源呢？这是创业过程中十分关键的一步。创业者并非学会了图片拍摄和后期合成就能赚到钱，而是必须找到客户，才能够进行交易。

很多店铺都存在 VR 营销需求，在最开始寻找客户时，创业者可以在大众点评、58 同城等本地生活服务平台上寻找各种各样的店铺。同时，在行动之前，创业者需要根据自身优势和特点，选择服务的行业，确定潜在客户的类型，找到意向客户。

在获得意向客户后，创业者怎样准备才能够顺利完成交易？主要有以下几个要点，如图 3-7 所示。

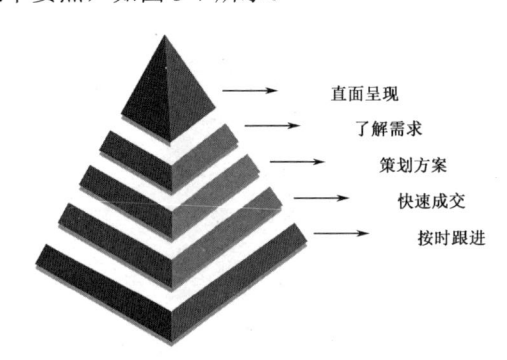

图 3-7 顺利完成交易的要点

1. 直面呈现

相比于传统的图文或视频呈现，VR 全景可以展现三维立体的实景渲染图，360°全方位展现区域内的全部景物，除了支持随意切换视角互动，还可以嵌入视频、歌曲、文字等，内容真实且丰富。但对于许多客户而言，其对 VR 全景并不了解。因此在与客户进行沟通时，创业者需要准备一些自己创作的 VR 全景作品，让客户通过实际体验感受到 VR 全景的魅力。这不仅可以更好地向客户介绍 VR 全景，还可以证明自己的能力。

2. 了解需求

在向客户展示了自己的能力后，创业者需要了解客户的需求，如了解对方对于价格、方案完成时间、展示渠道等方面的意向或需求，以此有目的地和客户沟通。同时，创业者需要统计所有客户的个人信息、店铺信息、方案要求等，这不仅能够积累更多客户资源，还方便创业者从中明确客户的共同需求、常有的疑问等，提升自身的沟通能力。

3. 策划方案

了解了客户需求后，创业者下一步要做的就是策划一个方案。这个方案要明确能够为客户带来哪些好处，同时需要根据客户需求呈现出 VR 全景的整体布局、加入的活动内容、推广方式、达到的效果等。有了具体的方案并和客户协商一致后，创业者便可以进行 VR 全景内容的创作。

4. 快速成交

在与客户沟通的过程中，创业者也要掌握一些沟通技巧。一些犹豫不决的客户可能会以各种理由推迟合作，这时创业者就需要对症下药，通过合适的沟通技巧促使客户快速成交。例如，如果客户觉得价格贵，创业者可以以这个月做活动为由介绍一些优惠措施，如可以打折；如果客户表示过段时间再合作，创业者可以以当下的节假日为由，表示现在做了 VR 全景，节假日就可以趁机大力宣传一番。总之，在客户犹豫不决时，创业者需要了解客户不想签约的原因，并有针对性地打消对方的顾虑，促成合作。

5. 按时跟进

达成合作之后，创业者需要按时跟进方案进度，及时与客户进行沟通并按期交付方案。同时，在合作完成后，创业者也要时常进行回访，向客户表示自己的责任心，这有利于创业者树立一个好的口碑。

在得到客户的认可后，一些客户可能会将自己同样需要做 VR 全景的朋友介绍给创业者，或向创业者推荐一些合作机会，这便于创业者拓展客源，获得更多客户。

3.5 加盟平台，成为 VR 全景代理商

在 VR 全景方面，百度地图推出了"激光全景"点云测绘技术，投入了大量人力、物力进行地图的街景采集，试图通过全景地图 3D 模型化优化用户的使用体验，并在此基础上创新推出了"时光机"的玩法。目前，百度地图在全国范围内街景覆盖率已经达到了 85%，正在加速进行商家内部的全景采集，这刺激了 VR 全景拍摄行业的

发展。此后，飞猪、美团、支付宝口碑等OTA平台及大量商家的官网、公众号、小程序等相继打开全景的展示渠道。全景从单一的宣传渠道变成多平台展示，市场需求剧增，推动了VR全景平台的发展，同时代理加盟也成为趋势。

对于创业者而言，前期通过自我摸索进行VR全景创业往往会耗费更多精力，不仅会延长自己的盈利过程，在能力磨炼、客源开发等方面也存在更多压力。因此，为了缩短学习过程，降低创业风险，创业者可以考虑选择加盟可靠的VR全景平台，以代理的身份获得收益。

一般来说，可靠的VR全景平台可以为创业者助力，为创业者的创业之路提供多方面帮助，让创业者少走弯路，降低创业风险，一般包括以下几个方面。

（1）成熟的技术帮扶：加盟平台后，平台会为创作者提供技术扶持。优秀的平台会有一套成熟的运营方案，能够帮助创业者进行完善的技术培训，使创业者在拍摄、制作方面快速进阶。

（2）商业措施扶持：在接单方面，平台往往会向创业者分派一些订单，或者帮助创业者找到订单的合伙人，保障创业者在创业初期的收益。同时，平台也会对创业者进行系统的培训，讲授拓宽渠道、业务商谈等方面的问题，帮助创业者快速成长。

（3）第三方平台资源：创业者独自创业很难有效打造出个人影响力，而VR全景平台能够连接各大第三方平台，如携程、百度等。凭借这些平台，创业者能够更快打开市场渠道，让作品获得更多曝光度。

（4）提供背书：当创业者以个人名义寻找客户时，往往难以获得客户的信任，而在加盟平台后，平台的专业性和影响力都会成为创业者的背书，加深客户对创业者的信任。此外，一些大型的 VR 全景项目往往会通过招标的方式寻求合作伙伴，如果自己加盟的平台中标了，那么创业者也可以参与更大的项目，积累更多经验。

（5）专业售后：在个人创业时，从寻找客户、设计方案、交付到售后，所有环节都需要创业者亲力亲为。而 VR 全景平台往往有自己专业的售后团队，能够帮助创业者分担售后方面的工作。

总之，加盟 VR 全景平台能够为创业者的创业之路助力，让创业者少走弯路，创业事半功倍。

3.6　VR 全景平台的甄别和判断

目前，VR 全景加盟市场虽然火热，但鱼龙混杂、良莠不齐，只有选择具备相对核心能力、有优质股东背书的平台，才可以极大程度避免陷入 VR 全景加盟的骗局，降低创业风险。

目前招商加盟的全景平台大体可分为软件开发，销售软、硬件，互联网平台三大类。其中，第一类以定制开发 VR 合成软件为主；第二类以售卖软件、空间、拍摄、功能等为主，对加盟方难以有持续的支持和扶持；第三类是真正做互联网全景平台的，往往有长远布局和专业积累，对加盟方支持的持续性可能会更有力、更长远，值得首先选择，但是也要仔细甄别。

对于招商加盟的全景平台还可以从其发展历程、股东结构和融资情况来判断。从经验判断，一般来说，有历史积累，股东结构中有实力机构或者知名公司，融资阶段已经至少到 A 轮，单轮融资金额不低于 5000 万元，累计融资高于一亿元的，相对更为值得考虑。同时，在具体的选择过程中，还需要注意兜售设备、重复代理收费、虚假技术支持等一系列陷阱。

目前，市场中具有一定代表性的 VR 全景平台有以下几个。

1. 酷雷曼 VR 全景平台

酷雷曼 VR 全景平台是以 3D 技术和 VR 技术打造的云端沉浸式 VR 全景平台，可以为企业、机构、景点等提供 VR 全景拍摄、制作、发布和分享服务，为 VR 全景领域的创业者提供专业的 VR 全景制作服务。

对于加盟平台的创业者，酷雷曼 VR 全景平台会为其提供培训、咨询、市场开发等方面的帮助，为具有特殊需求的创业者提供个性化的开发技术支持。此外，对于刚起步的创业者，平台为其在客户洽谈、落地会销、设计方案等方面提供支持。平台提供多种功能及价格的合作计划供创业者选择，满足不同的市场需求。加盟平台后，创业者可通过四个方式盈利。

（1）商业接单：创业者通过承接本地各行业商家的 VR 全景制作、商业 VR 直播服务等盈利。

（2）营销转化：创业者可以通过 VR 全景与营销策划相结合，为商家提供合适的营销方案，获得持续性服务收入。

（3）垂直服务：创业者可以通过平台提供的行业落地方案，为景区、商场等多领域打造优质项目，以此盈利。

（4）对接平台：创业者可以通过对接携程、美团等各大第三方平台获益。

2. 蛙色 VR 全景平台

蛙色 VR 全景平台在虚拟现实行业深耕多年，旗下的 VR 全景、VR 直播、VR 视频等广泛应用于文旅、地产、办公等多领域。作为 VR 全景内容一站式制作平台，蛙色 VR 全景平台可以降低 VR 全景在各领域的应用门槛，也为创业者提供了交流互动的社区。

蛙色 VR 全景平台同样能够为创业者提供多方面支持。首先，平台提供的 VR 云端编辑工具，可以让创业者进行 VR 全景方案的设计。其次，平台提供多样的视频课堂，内容涉及全景照片拍摄、后期处理、商业项目制作等，能够全面为创业者提供技术指导。最后，蛙色 VR 全景平台与百度地图、飞猪、阿里云等十余家第三方平台合作，能够为创业者提供多样的渠道接口。

在盈利模式方面，与酷雷曼 VR 全景平台相似，蛙色 VR 全景平台也能够为创业者提供商业接单、营销转化、运营变现、服务增值等方面的盈利途径，帮助其获利。

（1）商业接单：创业者可以通过承接商家的 VR 全景制作、VR 视频宣传片制作等获利。

（2）营销转化：创业者可以将 VR 全景和现成的营销策划方案结合，向商家提供成熟的营销方案，以此获利。

（3）运营变现：创业者可以直接运营 3D VR 门户，通过广告投放实现流量变现，从而获利。

（4）服务增值：创业者可以为医院、商场、景区等打造 VR 全景项目，从而获利。

3. 鲸蓝 VR 全景平台

鲸蓝 VR 全景平台是一家综合性全景服务平台，提供商业级全景拍摄、VR 内容制作、VR 全景营销转化等服务。

（1）商业级全景拍摄：提供成熟的 VR 全景系统和功能强大的全景编辑器，可以实现航拍全景、地面全景等全景内容的制作。

（2）VR 内容制作：支持 VR 视频打造，完整还原真实环境的动态过程。

（3）VR 全景营销转化：具有 3D 环物、商品展示、在线交易、广告等全景交互功能，支持开展多样、新颖的营销活动，帮助客户打造品牌，提升广告效益。

同时，在培训方面，鲸蓝 VR 全景平台可以免费为创业者做培训，提供技术服务，帮助创业者快速掌握 VR 全景技术。在运营推广方面，其和大量第三方平台对接，渠道资源丰富。

鲸蓝 VR 全景平台的盈利模式十分多样，主要有以下几种。

（1）拍摄收入：创业者可以在培训后承接各行业的全景拍摄业务，获得收入。

（2）商家营销收入：创作者基于主平台可以开设大量合作商账号，根据商家需求和平台特色提供活动策划业务，以此获得收入。

（3）广告投放及打赏收入：平台提供投放广告的区域，创业者可根据需求精准投放广告，并开启打赏功能，获得利润。

（4）会员制度收入：平台搭建了代理商会员账号制度，不同级别的会员拥有不同的权限、功能，创业者可以以此获利。

（5）资源收入：创业者可以获得所在行业或者地区的拍摄资源，通过作品的市场平台功能进行资源配置，并以此获得收入。

VR 全景平台有很多，在选择时，创业者需要根据自身能力和实力，以投资和运营的角度，认真分析判断平台的实力、资质、支持帮助、盈利模式等，从中选择专业、实力强劲的平台进行合作。

3.7　VR 全景助力大学生实现创业梦想

在 VR 全景领域，一部名为《成都最炫 VR 全景，别再说你没来过成都》的作品曾刷爆朋友圈，观看量 3 天内突破 100 万。在该作品中，春熙路、杜甫草堂等成都标志性景点都被定格为沉浸式全景画面，真实体现了各大景点的魅力。该作品的制作团队——松塔文化传播有限公司（以下简称松塔文化）一炮而红，而当时，这个由四名大学生组成的创业公司才成立仅 3 个月。

2015 年，当时还在成都理工大学上学的冯杨参加了首届四川省大学生新媒体创新大赛，带领团队使用无人机拍摄，并将全景技术和 H5、视频等多种新媒体方式融合，将会场搬进云端，拔得比赛头筹。

这次合作让冯杨认识了几个志同道合的朋友，他们常常聚在一起聊未来、聊创业。当时 VR 全景技术在实践中的应用并不多，在这个领域创业无疑是一个不错的选择。于是冯杨找到了三个怀揣同样理想的伙伴，组建了一个 VR 全景制作团队，开始了自己的创业之路。

之后，冯杨便以该团队成立了松塔文化，从寻找客源、制定方案到交付的各个环节都亲力亲为。几个初出茅庐的年轻人在创业之路上遭遇了不少挫折，也积攒了不少经验。创业之初，为了积累客源，团队并没有向客户收取预付款。而这导致一些客户在收到作品后就失联，拒绝支付钱款。为了规避这一问题，团队制定了新的付款方式，在客户下单时收取 60% 的预付款，交付作品后再收取尾款。

在没有任何经验的创业之路上，团队以一单一单的订单积累了创业经验、搭建了体系化的管理模式，同时合同的制定也越来越完善。直到《成都最炫 VR 全景，别再说你没来过成都》大火，公司才迎来了真正的发展。

在此之后，公司的发展逐步进入正轨，团队也由最初的四人不断扩张，更是和四川电视台、龙湖地产等知名企业合作，交出了更高质量的 VR 全景方案。在经过几年的创业之路后，公司由承接几万元的小项目变为了承接数百万元的大项目，以冯杨为首的创业团队也在这个过程中获得了越来越多的收益。

冯杨创业成功得益于团队的坚持、拼搏，也得益于 VR 全景行业不断发展的趋势。乘着 VR 技术不断发展和元宇宙爆发的东风，VR 全景行业展现出了更大的创业机遇。优质的 VR 全景平台可以为创业者提供技术、方案、客源等多方面的支持，帮助创业者实现创业梦想，在时代发展中成长，获得红利。

第4章 元宇宙游戏领域：月入2000美元的游戏如何玩

纵观这个元宇宙的发展进程，游戏领域是目前最为成熟的应用场景之一，蕴含着巨大的商机。腾讯、网易等游戏大厂纷纷布局元宇宙游戏，以求抓住发展先机，也在推动着元宇宙游戏产品市场渐趋繁荣。在这一发展趋势中把握好机会，力争通过参与元宇宙游戏获得良好收益，已经成为众多有识之士的共识。

4.1 从开放世界游戏到元宇宙，路还有多远

企查查数据显示，截至 2022 年 2 月底，已有超过 1200 多个元宇宙企业设立，近 2000 家企业申请注册元宇宙商标，元宇宙相关商标专利突破 17000 个，涵盖各行各业。其中，在游戏领域，很多游戏大厂都申请注册了元宇宙商标，如腾讯申请注册了天美元宇宙、幻核元宇宙等商标；网易申请注册了网易元宇宙、伏羲元宇宙等商标。

为什么许多游戏大厂开始关注元宇宙？元宇宙的沉浸和交互的特征，使得游戏和元宇宙天然契合，以游戏为起点，更容易搭建起元宇宙的雏形。

首先，游戏能够赋予玩家虚拟化身和自由探索的虚拟空间，可供定制的个性化虚拟化身及具有丰富内容的虚拟世界带给玩家更多代入感。在游戏中玩家不仅可以体验游戏，还可以和其他玩家互动、结交朋友等。同时，在虚拟世界中，玩家也可以自由地探索游戏地图、装扮自己的小屋等，获得更真实的游戏体验。

其次，借助 VR 设备，玩家能够获得高沉浸感、强交互性的游戏体验。借助 VR 头显和全身动作捕捉设备，玩家不仅可以以虚拟化身在游戏中自由行动，还可以打手势、传递表情等，为元宇宙要求的沉浸感奠定了基础。

最后，一些大型游戏加入了可供编辑的游戏引擎，为玩家创作

提供了工具。凭借这些工具，玩家可以在游戏中创建新的道具、地图等，扩展游戏的边界与内容，为元宇宙中的用户创作和无限延展提供了基础。

基于以上原因，游戏为孕育元宇宙提供了温床。当前，很多开放世界游戏已经展示了元宇宙的雏形。以开放世界游戏 GTA5 为例，游戏打造了一个十分拟真且场景丰富的虚拟城市"洛圣都"，玩家可以在其中进行街头竞速，探索巨大城市地图中的街道、商店、银行等各种场所，如图 4-1 所示。

图 4-1　GTA5 中的竞速场景

基于场景的拟真性和探索的自由性，GTA5 能够为玩家提供强大的沉浸感。其母公司发布的 2020 年报数据显示，GTA5 的全球累计销量已突破 1.45 亿份，得到了广大玩家的高度认可和追捧。

开放世界游戏在一定程度上描绘了元宇宙的未来，却并没有展示出元宇宙的最终形态。

从开放世界游戏到元宇宙，还有多远的路要走？开放世界游戏描绘的虚拟世界与元宇宙的差距主要体现在沉浸感、可进入性、可延展性等方面，而从开放世界游戏进化到元宇宙，离不开诸多先进技术的赋能。具体而言，开放世界游戏大体需要通过3种技术路径步入元宇宙。

第一，通过XR交互技术提升游戏的沉浸感。当前的开放世界游戏中，游戏建模越来越拟真，三维立体的呈现使得虚拟世界更具空间感。同时，借助VR设备，玩家可以在游戏中获得更真实的游戏体验。但受限于当前的VR技术，玩家在游戏过程中往往会遇到卡顿、高延迟等问题。而未来随着XR交互技术的发展，其不仅能够为玩家提供更加流畅的沉浸式体验，还可以将虚拟与现实结合，为玩家提供更加丰富且真实的场景。

第二，通过网络运算技术的升级满足更多用户同时在线的需求，提升游戏的可进入性。元宇宙需要实现海量用户的随时随地进入与实时交互，用户数量将达到亿级。目前许多开放世界游戏都会以运营商服务器和用户终端为处理终端，这使得对用户终端的性能要求成为用户体验游戏的重要门槛，从而限制了游戏的可进入性。同时，终端服务器承受能力有限，也难以支持海量用户同时在线。未来，5G、云计算等技术的发展与普及是开放世界游戏打破可进入性限制的关键，终端算力的问题会在很长一段时间内成为制约相关类型游戏的瓶颈。将服务器和游戏运算放到云端后，用户手中的终端变为单纯的显示设备，体验游戏的门槛将大大降低。

第三，通过游戏引擎、AI等技术降低内容创作门槛，提升游戏的可延展性。当前，为了丰富游戏内容，增强游戏的生命力，一些开放世界游戏已经加入了引擎功能，支持用户在其中进行创作。但这些引擎工具可创作的内容有限，在使用时也存在一定的使用门槛。未来，游戏引擎的功能将不断完善，并变得更加便捷易用，使更多游戏用户可以转变为游戏的创作者。此外，AI技术与引擎的结合将大大提升用户产出内容的效率，推动游戏边界不断扩展。

总之，开放世界游戏打开了体验元宇宙的入口，而其发展与技术的进步密切相关。未来，随着各种先进技术的发展与逐步融合，开放世界游戏将融入更多元宇宙元素，开启更加奇幻的虚拟世界。

4.2　游戏去中心化转变，向元宇宙进发

从运行的角度来看，游戏从中心化运行到去中心化运行的转变奠定了元宇宙运行的基础。和传统的中心化游戏相比，去中心化游戏更接近元宇宙。

元宇宙中存在完善的身份系统和价值系统。身份系统是指在互联网中，人们能够以一个账号进行各种活动，如在进行网上社交时，可以申请社交账号；在网上购物时，可以申请购物账号等，同时不同的账号和人们现实中的身份密不可分。

元宇宙中的身份系统和当前人们在互联网中的身份系统不同。在元宇宙中，用户的身份是完全虚拟的，这个虚拟的数字身份不是因为社交、购物等需求才创建的，而是基于元宇宙的体验创建的。同时，元宇宙中的数字身份可以作为一个相对独立的个体长期存在，用户也可以以这个数字身份建立新的社交关系，进行娱乐、购物、创造等各种活动。

价值系统是指元宇宙的经济系统和运行规则。在完善的价值系统下，用户可以在元宇宙中通过创作获得收益，可以和其他人进行公平交易，也可以在其中消费不同的商品。此外，用户在元宇宙中的虚拟资产也会得到保护。很多游戏中也有身份系统和价值系统，但和元宇宙中的身份系统、价值系统有很大区别，原因就在于这些游戏中的身份系统和价值系统是中心化的。

以身份系统为例，玩家可以在游戏中选择多种角色，也可以通过捏脸、换装等打造角色特色，但游戏中的整个身份系统是预先设定好的，玩家的自由度十分有限。并且，中心化意味着玩家的一切账号数据、行为数据等都掌握在运营商的手中，理论上来说，运营商可以删除玩家的账号信息。在这种模式下，玩家的游戏身份是否存在，是由运营商决定的。

在价值系统方面也是如此。游戏中有什么样的道具、不同的道具售价多少等都是由开发商定的，玩家只能在这个价值体系中进行交易。同时，玩家在游戏中的虚拟资产也无法得到保障，一旦游戏被关闭，玩家的虚拟资产也不复存在。

而元宇宙是去中心化的，其中几乎没有任何提前写好的剧情，没有限定的可供选择的角色，没有必须要完成的任务，也没有探索的终点。从早期的开荒拓土，到之后的创造和各种玩法，都由用户自己自由发挥。同时，在身份系统和价值系统方面，元宇宙也避免了中心化平台的控制，能够为用户提供更自由的体验和更强大的资产安全保障。

这也是 Roblox 这款游戏大受欢迎的重要原因。区别于中心化的传统游戏，Roblox 采用了去中心化的运行模式，更加接近元宇宙的初级形态。以其中的价值体系为例，基于其中流通的虚拟货币Robux，玩家可以为自己制作的道具和游戏定价，并和其他玩家交易，以此获得收益，也可以自由消费或兑换 Robux。在这种价值体系下，玩家拥有了更多的自主性。

在元宇宙中，身份系统是一种新的社会关系，价值系统是一种新的生产关系，二者的建立有利于元宇宙的长久稳定运行。从这个角度来看，去中心化游戏更接近元宇宙的运行模式，其发展也搭建了元宇宙的运行基础。

4.3 区块链与游戏结合，助力价值流转

在游戏向元宇宙发展的过程中，区块链与游戏的结合将极大赋能游戏，实现游戏内的价值流转，这将为玩家通过游戏创收提供底层支撑。区块链将为游戏中的价值流转提供以下支持，如图 4-2 所示。

1. 建立连续的游戏空间
2. 提高虚拟物品的价值
3. 助力安全存储
4. 证明资产的稀缺性
5. 管制游戏经济
6. 创造虚拟物品

图 4-2　区块链为游戏中的价值流转提供的支持

1. 建立连续的游戏空间

区块链可以实现玩家身份数据和游戏资产数据的确权，这使得玩家在不同的游戏中使用相同的身份及游戏资产在不同游戏中的流转成为可能。同时，游戏开发商也可以通过玩家数据得到玩家偏好，在不同的游戏中持续开发同一个虚拟角色、打造相同的虚拟物品等，这些都能够使原本割裂的游戏世界连接起来。不同的游戏开发商甚至可以携手共建联合的虚拟游戏世界，使虚拟世界的内容更加丰富。

2. 提高虚拟物品的价值

通过将虚拟物品生成 NFT，区块链可以从以下 3 个方面提升虚拟物品的价值。

（1）虚拟物品既可以在游戏中使用，也可以在游戏外使用，功能价值得到提升。

（2）虚拟物品可以在区块链网络中出售并兑换成现金，体现其经济价值。

（3）虚拟物品可以通过区块链网络进行交易、分享等，体现其社交价值。

因此，存在于区块链中的虚拟物品将不再只是虚拟物品，而将转化成为玩家的数字资产。

3. 助力安全存储

在中心化的系统中，如果玩家的账号或者游戏服务器被攻击，那么就会出现玩家身份数据、资产数据泄露的问题。而基于区块链形成的加密分布式存储系统没有中心化的系统，数据一经上传便不可更改，能够保证数据存储的私密性、安全性。

4. 证明资产的稀缺性

将虚拟物品转化为 NFT 资产后，每一个 NFT 都拥有独一无二的编码，这能够证明虚拟物品的稀缺性，明确虚拟物品的价值。同时，用户可以以此明确虚拟物品的归属权并追踪其流转过程。

5. 管制游戏经济

游戏中虚拟物品的交易等能够形成游戏经济市场，而游戏开发者需要为其搭建完善的运行管理制度。在这方面，区块链能够以智能合约助力虚拟物品的交易，让虚拟物品在游戏内，甚至不同的游戏空间中流转。

6. 创造虚拟物品

通过在游戏中创造虚拟物品并将其上链，玩家可以自由创造、升级虚拟物品，然后进行交易。例如，在玩家创造出独特的虚拟物品后，可以通过上链的方式生成唯一编号，保证虚拟物品的稀缺性，从而为虚拟物品定价。

区块链为游戏提供的这些支持搭建了游戏的激励机制，能够大大激发玩家的创造性。随着越来越多玩家参与到游戏创作中来，游戏能够产出更多内容，吸引更多玩家，实现发展的良性循环。

4.4 Play to Earn：边玩边赚的新型商业模式

当前，在区块链技术发展、元宇宙爆发的趋势下，游戏领域的虚拟经济趋于成熟。2021 年 7 月，数据分析机构 Newzoo 发布的《2021 年全球游戏市场报告》显示，全球游戏市场在 2021 年将创造超过 1700 亿美元的收入。同时，区块链游戏的发展同样迅猛，DappRadar 数据显示，截至 2021 年 11 月 10 日，已有 1070 个游戏类 Dapp（Decentralized Application，去中心化应用）上线，其中单日的交易额峰值达到 4.84 亿美元，单日最多用户达到 133 万人。

其中，以 Play to Earn（边玩边赚）经济模式为代表的区块链游戏得到了巨大发展。CMC 数据显示，截至 2021 年 7 月，Play to Earn 类通证总市值突破 250 亿美元。这类区块链游戏的崛起在创造了大量虚拟财富的同时也吸引了更多玩家入局。

Play to Earn 类型的游戏与传统游戏有什么不同？在《魔兽世界》《王者荣耀》等游戏中，玩家可以通过游戏积累游戏中的虚拟货币，并兑换相应的游戏道具。这种简单的经济系统只能实现虚拟货币在游戏内的流动，并且不能为玩家带来真实的收入。

而基于区块链运行的 Play to Earn 类型的游戏允许玩家通过体验游戏，获得具有资产价值的 NFT 虚拟物品，并通过出售这些虚拟物品获取收入。在这个过程中，玩家不仅是游戏的体验者，也是虚拟资产的创造者和所有者。区块链游戏中的 Play to Earn 模式主要有以下两种。

1. 赚取游戏内通证

一些区块链游戏内存在原生加密通证，可以用来交易游戏内的 NFT 虚拟物品，给予持有者治理权，或者用于质押。玩家可以在游戏过程中赚取这种原生通证，将其转化为现实中的货币。

例如，区块链游戏 *Axie Infinity* 的玩家可以通过完成日常任务、参与战斗等获得加密货币 Smooth Love Potion（SLP），再将其用于日常交易或转化为现实中的货币。

2. 赚取游戏内 NFT 资产

一些区块链游戏会推出多样的 NFT，如 NFT 角色、NFT 皮肤等。这些 NFT 可以满足玩家的日常使用需求，也可以是纯粹的 NFT 收藏品。玩家可以通过参与游戏获得这些 NFT 资产，并通过再次交易的方式赚取收益。

例如，在区块链游戏 *The Sandbox* 中，玩家可以使用游戏中的 SAND 或 LAND 通证打造属于自己的世界。同时，这些通证也是游戏中的 NFT 资产，玩家可以与其他玩家进行交换，在热度与需求的影响下，其中一些虚拟土地价格不断上涨，为玩家带来了可观的收入。

疫情暴发以来，很多人被迫失去工作，而通过 Play to Earn 类型的游戏能够获得收入的消息传播开来后，越来越多的玩家开始参与其中。其中，2021 年 4 月至 8 月，*Axie Infinity* 的日活跃用户从 3 万人暴涨至超过 100 万人，实现了迅猛发展。

区块链游戏的火热吸引了大量资本的流入。2021 年 10 月，*Axie Infinity* 的开发商 Sky Mavis 获得了高达 1.5 亿美元的投资；区块链游戏 *CryptoKitties* 的开发商 Dapper Labs 获得了高达 6 亿美元的投资，资本的涌入将为区块链游戏的发展吸引更多的资源。同时，随着 Play to Earn 这种趋势的发展和硬件技术的更新，未来将有更多人获得进入区块链游戏、通过体验游戏获得收入的机会。

4.5 识别优质区块链游戏，规避风险

随着区块链游戏的火爆和 Play to Eran 游戏模式的兴起，GameFi 概念逐渐为更多人所熟知，成为玩家以游戏创收的风口，吸引了大量对区块链游戏感兴趣的玩家。

GameFi 是指 DeFi（Decentralised Finance，去中心化金融）和 NFT 融合形成的"游戏化金融"的概念，即将金融产品以游戏的方式表现，DeFi 的规则游戏化、游戏道具 NFT 化，并融入传统的养成、战斗等玩法，提升游戏的娱乐性与互动性。融入 GameFi 的区块链游戏与传统游戏主要有三个不同：

1. 玩家参与度更高，可以参与游戏优化

传统游戏中，游戏开发商往往会自行设计游戏的玩法、地图、角色等，而在区块链游戏中，每个玩家都可以参与游戏的优化。区块链游戏中存在治理通证，玩家可以通过参与游戏获得治理通证，并通过通证投票的方法参与游戏的完善与升级，这种模式能够提高玩家的互动性和黏性。

2. 没有统一的运营中心

区块链游戏没有统一的运营中心，需要在开发商和玩家的共同运营下发展。其中，区块链游戏带给玩家的游戏体验越好就越受玩家欢迎，则越具有长久发展的潜力。

3. Play to Eran 可适应性更强

许多游戏都会设计多样的活动，向玩家发放各种金币、道具等，不同的是，基于 Play to Eran 模式，玩家在区块链游戏中获得的各种 NFT 都可以在区块链中进行交易。

这一点在 *Axie Infinity* 中十分明显。基于成熟的 Play to Eran 模式，*Axie Infinity* 在许多国家都十分流行。在菲律宾，玩家甚至组成了 *Axie Infinity* 职业的游戏公会，让更多居民参与游戏，以游戏获得收入。

融入 GameFi 的区块链游戏拥有了金融属性，成为玩家赚取收益的可行渠道。同时，自区块链游戏乘着元宇宙的东风迅速发展以来，市场中出现了五花八门的区块链游戏。我们应如何识别这些游戏？

在下定决心参与某个区块链游戏之前，我们应了解游戏的各种数据，如游戏类型、日活用户数量、交易笔数、交易金额等，通过这些数据对比，更能从中找到优质的区块链游戏。具体而言，我们可以通过 DappRadar、DAppReview、Spider.store 等去中心化应用平台获得区块链游戏的数据。

以 DAppReview 为例，在其官网中可以找到各种区块链游戏的活跃用户、交易笔数、交易额等，如图 4-3 所示。

图 4-3　区块链游戏数据

以其中的《加密猫》为例，单击一个区块链游戏之后，我们还可以看到更加细致的数据概览、了解用户活跃趋势等信息，如图 4-4 所示。

图 4-4　《加密猫》详细数据

通过对不同区块链游戏各种数据的分析，我们能够直观地了解哪些游戏更具发展潜力，在交易市场上更受欢迎，以便做出更科学的选择。

4.6　Axie Infinity：初学者入门指南

Axie Infinity 是在以太坊上构建的数字宠物游戏，发展极为迅猛，

玩家可以通过多种游戏玩法和对游戏生态的贡献获得通证奖励，是 Play to Earn 模式游戏中的主要代表。该游戏的玩法类似于现实生活中的宝可梦游戏，玩家在游戏中用"Axies"（也是 NFT，类似于神奇宝贝的小型生物）进行战斗，以获得游戏内通证 SLP，用于培育 Axie、在现货市场交易或抵押，以获取利润。截至 2021 年 6 月底，其销售额突破 1.21 亿美元；2021 年 8 月 21 日 Axie Infinity 总交易额突破 15 亿美元，创历史新高。据 Forkast 2022 年 2 月 22 日报道，CryptoSlam 的数据显示，Axie Infinity 成为第一个在当日凌晨突破 40 亿美元历史销售额的 NFT 系列游戏。Axie Infinity 的总销量几乎是第二名 NFT 收藏品 CryptoPunks 的两倍。

其实，Axie Infinity 游戏中不同的小精灵就是 Axie，同时每一个 Axie 也是一个 NFT，拥有独特的价值。Axie Infinity 中拥有完善的经济系统，玩家在其中赚取收入的途径主要有以下三种：

第一，获得 SLP 奖励。SLP 是 Axie Infinity 中存在的一种通证，玩家可以通过参与 Axie 的战斗获得 SLP，也可以通过参加每天的任务获得额外的 SLP。SLP 除了用于 Axie 的繁殖，还可以在 Uniswap 卖出，换取收入。

第二，繁殖奖励。玩家可以通过消耗 SLP 进行 Axie 的繁殖，两只 Axie 在配对后可以产出新的 Axie，玩家可以通过出售 Axie 获得收入。

第三，获得 AXS 奖励。AXS 是 Axie Infinity 中的另一种通证，同样具有流通价值，能够为玩家带来收益。玩家可以通过玩游戏、参与游戏治理等赚取 AXS。

那么，新手玩家应怎样入局 Axie Infinity？

第一步：下载游戏

打开 *Axie Infinity* 官网后，可以看到右上角的"PLAY NOW"，单击后就可以将游戏下载到对应的客户端，如图 4-5 所示。

图 4-5　*Axie Infinity* 下载页面

下载完成后，打开游戏会出现登录页面，这时我们需要返回官网注册账号。

第二步：注册账号

注册账号的过程需要在计算机中的 Chrome 或 Firefox 浏览器操作。以 Firefox 为例，打开浏览器后需要搜索 Ronin Wallect 和 Metamask 两个电子钱包插件进行安装，如图 4-6 所示。

图 4-6　电子钱包安装页面

安装好电子钱包后，我们还需要根据提示创建好钱包地址并设置好密码。完成后，回到官网页面，单击官网主页的"Marketplace"就会跳转到市场交易界面，这时我们可以选择刚刚注册的 Ronin Wallect 或 Metamask 钱包地址，进行登录。

登录之后会进入一个账户主页，我们需要在这里设置用户昵称、邮箱和密码，如图 4-7 所示。

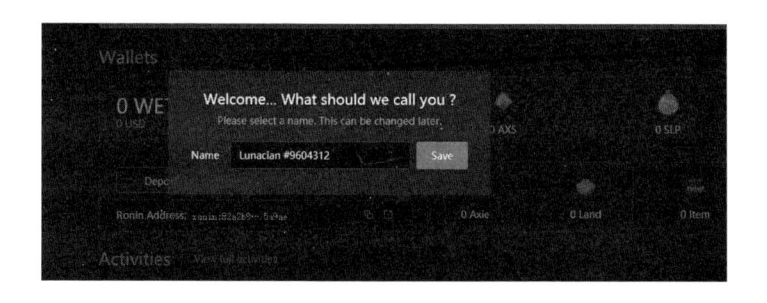

图 4-7　设置用户昵称页面

完成注册之后，我们就可以用账号和密码登录 Axie Infinity。

第三步：购买 Axie

Axie Infinity 是运行在以太坊侧链 Ronin Net Work 上的，我们需要将以太坊中的数字货币跨链到 Ronin Wallect 中才能购买 Axie。在 Ronin Wallect 中单击"Deposit"后就会跳转到跨链页面，填入地址和数额即可完成跨链，之后我们就可以在市场中购买 Axie 了。

目前来看，Axie Infinity 虽然具有多样化的收入来源和较好的发展前景，但同样存在一定的参与门槛。玩家需要购买 3 只 Axie 后才可以组队参加战斗，而当前一只 Axie 的售价约为 2000 元，这意味着玩家在体验游戏时需要付出约 6000 元的成本。

4.7 元宇宙游戏直播：以流量赚取收益

经过多年的发展，传统直播行业格局大体形成了游戏直播与娱乐直播两大板块，但其本质，就是一场关于流量争夺和变现的"战争"。在游戏直播领域，随着熊猫等平台的退出，逐渐形成了虎牙、斗鱼两虎相争的局面，而其背后都有腾讯的身影；而在娱乐直播方面，陌陌、映客、天鸽互动、欢聚时代 4 家上市公司奋力前行，老牌平台欢聚、虎牙，活力十足的思享无限等各有特色，网易等行业巨头也涉足其中。

随着近年来淘宝、京东等电商平台融入直播带货功能，抖音、快手等短视频平台跨界入局直播领域，"千播大战"硝烟滚滚，直播行业的竞争已从原来几家直播平台的"内斗"，转化为资本和巨头的鏖战，面临着前所未有的变局。流量红利逐渐消散，行业面临洗牌。元宇宙的出现给直播行业带来了新的发展契机，尤其是在 AR/VR 等新兴技术的加持下，两大板块趋于融合，直播的内容和形式充满变化。对个人玩家而言，除了通过玩游戏获得游戏收入，还可以充分利用玩游戏的时间，以元宇宙游戏直播的方式吸引流量，赚取流量收益。

例如，在直播平台虎牙中，已经出现了 Roblox 视频专区，一些主播以 Roblox 中的各种游戏为直播内容，吸引粉丝观看并打赏，如图 4-8 所示。

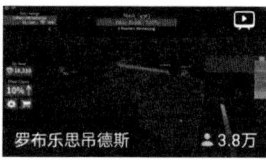

图 4-8 虎牙中的 Roblox 视频专区

通过直播元宇宙游戏，主播可以通过流量变现获得收入，这种收入一般包括如下几种。

1. 粉丝打赏收入

粉丝打赏是主播直播最常见的变现方式。例如，在虎牙中，主播可以获得粉丝打赏的"虎粮""荧光棒""告白气球"等礼物，而主播可以根据这些礼物提现，获得相应的收益。在这个过程中，不同的礼物将按照一定的比例换算成虎牙的通用虚拟货币"金豆"，再根据 1000 金豆=1 人民币的兑换比例提现。其中，平台向用户发放的免费礼物不涉及分成，剩余礼物主播一般会获得 40%～50%的分成。此外，主播账户中的金额超过 100 元才可以提现。

2. 广告投放收入

主播在拥有一定粉丝基础和播放量之后，可能会接到一些游戏广告商的合作邀请。主播可以在直播过程中口播广告内容、引入广告弹窗等，以此获取广告投放得收入。

3. 工资收入

主播可以选择和直播平台中的公会、经纪公司等签约。签约之后，主播往往可以得到 3000~4000 元的底薪，但粉丝的打赏需要和公会、经纪公司分成，这时主播一般可以获得 40%左右的分成。同时，公会或经纪公司可能为主播安排一些活动，每场活动主播往往可以获得几百元至几千元的出场费。

第5章 元宇宙课程培训：聚集流量，实现转化

古希腊著名哲学家苏格拉底曾说道："世上只有一样东西是珍宝，那就是知识；世上只有一样东西是罪恶，那就是无知。"时代发展进程不可逆，知识迭代的速度也越来越快，知识付费已经成为一种相对成熟的商业业态，当代人对知识付费的接受度也越来越高。创业者可以趁势而为，为有需求的人群设计并提供专业的元宇宙课程培训，聚集流量并实现转化。

5.1 新领域新市场，元宇宙市场存在巨大培训需求

如果说前几年电子商务发展的重要突破是将 O2O 的模式推进到了产业，努力实现线上（Online）与线下（Offline）的连通，那么基于直播、录播等模式的知识付费业态的到来则是实现了深层的视联（Visual of Things）、声联（Sound of Things）的商业变现。随之而来的直播培训课程开始为大众所接受并逐渐普及。

我们可以想象这样一个场景，当一个新生概念已经刷屏了你的朋友圈时，你却毫无了解；当众多朋友关于此概念把酒言欢之时，你却哑口无言。此时你最想干什么？当然是在最短的时间内了解这个引起大家热烈讨论的话题，期待自己能够参与到大家的交流中，甚至能够在聚会中侃侃而谈，而通俗易懂的在线培训就是一种非常好的方法和工具。

趋势未至，流量先行。很多短视频博主发布了解释元宇宙定义的视频，但由于讲解时间较短，难以让人们对如此复杂的概念产生清晰的认知。即便人们选择上网搜索，得到的信息也并不全面，很难形成体系。

同时，这些短视频博主虽然对元宇宙概念有所了解，但他们大多从本行业的角度出发，探讨元宇宙与行业的适配性。这就导致每一位博主的观点与角度都不甚相同，难以对元宇宙进行全面的讲解。在这种情况下，人们迫切地需要一个权威人士为自己答疑解惑。

因此我们不难看出，市场中存在大量迫切希望了解元宇宙的人，元宇宙培训的商机由此而生。但与此同时，我们应当明白，无论一个热点的风头有多盛，都可能会归于平静。创业者只有深耕行业，不断学习前沿知识，不断打磨课程内容，才能吸引更多人购买课程。

在知识付费领域，创业者的核心竞争力便是知识积累和其表述方式。创业者不能敷衍了事，不能用一些空泛的概念应付用户。创业者如果没有精心准备，就很难将复杂的概念用简练的语言表达出来；没有为课程设置阶梯难度，就很难在培训市场分得一杯羹。

5.2 得到App中销售直播培训课程，获百万收入

2021年10月20日，罗振宇创立的得到App上架了"前沿课：元宇宙6讲"这一在线课程，售价29.9元，引起热烈反响。经过一个月的时间，该课程学习人数超4万人，销售额已超百万元大关。

一个前沿概念需要时间进行打磨，创业者也需要深耕行业，结合当下的热点，不断优化课程内容。由于人们对元宇宙了解的热度不减，"前沿课：元宇宙6讲"又增加了6讲内容，变为"前沿课：元宇宙12讲"，课程价格也由29.9元上涨至49元。

截至2022年2月底，平台显示目前加入学习的人数已超76 000人，该门网课营收或超300万元，对标得到App中的其他付费课程，"前沿课：元宇宙12讲"的表现相当出彩。乐观预测，该课程的付费人数未来还会继续增加。

为什么一门总时长两小时的课程能吸引如此多的人购买？我们可以从用户心理的底层逻辑分析购买该课程用户的思维。

很多时候，当人们看完一篇一千多字的元宇宙营销软文时，往往只会发出"这个概念真新奇"的感慨。同时，当人们看完一段三分钟的元宇宙科普视频时，也难以对元宇宙形成深刻印象。相较于二者，元宇宙课程培训拥有很强的逻辑性且能够承载更多关键信息，讲师也多是行业大咖，拥有很强的专业技能及信用背书。专业的课程才能给用户带来更深入的知识。

同样以"前沿课：元宇宙 12 讲"为例，其作者陈序是零碳元宇宙智库 MetaZ 创始人，前《麻省理工科技评论》中文版首席顾问，拥有多重身份之下的信用背书，更能够赢得用户的信任。

得到 App 的准入门槛较高，往往需要创业者有一定的名气，得到 App 才会与之合作。有意向、有能力的创业者可以关注罗辑思维公众号并回复"合作"二字，将内容文稿或音频小样投递到指定邮箱。如果你的课程质量得到对方认可，便可以展开合作。

5.3 喜马拉雅中推出付费元宇宙专辑，引流创收

当前，在线音频凭借无需观看只需聆听的特点解放了人们的视觉，收获了众多用户的青睐。随着音频技术的完善和用户信息消费需求的增加，在线音频平台不断优化和拓展业务体系，凭借更个性化和多元化的内容产品与增值服务吸引了更多用户使用。

艾媒咨询数据显示，2021年我国在线音频用户数量超6亿，市场规模达到220亿元，同比增长超过67%，继续保持快速上升态势。预计到2022年，在线音频用户数量或达7亿，市场规模将超过310亿元。在现代人繁忙的工作、巨大的生活压力下，与视听结合的短视频相比，在线音频这种单一的感官形式能给用户不同的体验，引起人们心灵的共鸣。

在此背景下，我国的在线音频市场得到了长足发展，其中，喜马拉雅已经发展成为行业的标杆性企业，具备丰富的流量和强大的转化能力。本节将从实际操作出发，讨论元宇宙课程培训如何才能与线上音频融合得更好。

1. 意向人群

创业者在设计付费元宇宙专辑之前需要先思考清楚，这门课程的目标受众是哪些人。只有思考明白这个问题，才能根据不同的受众有效设计内容和定价，保证专辑销量，不同受众的接受能力和接受程度并不一样。

（1）专业人员

以企业的营销人员为例，他们每天都会了解很多新鲜消息，追寻热点制订宣发计划，为企业寻求更多的曝光机会。随着Facebook改名为Meta，元宇宙概念大火，越来越多的营销人员希望了解元宇宙的相关知识，为此不惜购买付费课程，以期获得更好的营销效果。

（2）普通人群

元宇宙作为未来发展的一种趋势，与每个人的生活都将有千丝万缕的关系，普通人群对元宇宙的概念也很好奇。在读或者刚毕业的大学生，在学习和工作中对新鲜事物十分敏感。他们希望了解元宇宙的相关知识，也愿意购买元宇宙付费专辑。

此外，对于很多投资者来说，元宇宙的到来是一次投资的机会。对所投资的股票理解得越全面、越透彻，投资的正确性就越高。元宇宙概念的火爆带动了相关股票大幅上涨，很多投资者都愿意购买付费专辑去深入了解该概念，为投资做准备。

2. 操作流程

应网络实名制要求，创业者首先需要在喜马拉雅平台进行实名认证，随后便可以单击喜马拉雅右上角的创作中心，上传自己录制好的课程。

在喜马拉雅的创作中心，创业者可以通过参加打赏计划获取收益。如果观众认可你的课程质量，希望对你进行创作激励，便可以在个人页向你赠送喜点，你所收到的喜点在扣除税费等必要费用后，会全部折算为现金结算到收益中心，如图5-1所示。

图5-1　喜马拉雅创作中心

经过前期的铺垫，创业者应当有了一定的粉丝数量沉淀，此时便可以考虑上传付费专辑，讲解更具干货的元宇宙知识。在创建专辑时，创业者需选择创建付费专辑，但需要满足主播等级 LV.10，以及粉丝数量大于等于 3000 的要求，如图 5-2 所示。

图 5-2 创建付费专辑

创建付费专辑能够为创业者带来更多红利，包括但不限于收益、流量垂直精准分发、更多曝光机会等来自平台的支持及创业者个人 IP 的塑造。

5.4 确定课程内容：理念类课程、技术类课程、方法类课程

确定了受众，也满足了创建付费专辑的条件，该如何设计元宇宙课程内容？以下我们提供一些方法和思路，供创业者参考。根据经验，建议可以从理念类课程、技术类课程、方法类课程这三个方

向，设计合适的入口，进行不同的选择和设计。

1. 理念类课程

理念类课程是指讲解相关概念、趋势的课程，包括科普元宇宙是什么，它的特点、技术组成、发展现状、未来趋势等。这种课程比较适合非元宇宙相关行业的人学习，可以了解一些元宇宙的入门知识。创业者可以用这类课程来引流、造势，进行低价销售，以此来吸引关注，促使更多人报名学习。因为这样的课程内容丰富、通俗易懂，相关案例容易引起人们的兴趣和好奇，激发他们进一步探究的欲望。

一般来说，这样的课程往往后劲不足，非常难以持续做成精品。普通创业者很难把它做成系列课程或连续课程，也很难留住长期学员。只想了解相关概念的人会在学习之后离开，而想继续深入了解的人会在学习之后去搜索其他课程。因此，创业者在引流、造势完成后，要对课程内容做出迭代和优化，在讲解理念后向学员输出更深入的干货内容，才能留住学员。

2. 技术类课程

技术类课程是指讲解与元宇宙相关技术概念与应用的课程，包括虚拟现实、大数据、云计算、物联网等。这种课程专业性较强，受众范围较小，但不容易被复制，一旦上架，具有一定的竞争优势。技术类课程可以当作进阶类课程，面向想要深入了解元宇宙并且有一定专业背景的学员，满足他们提升专业知识水平的需求。

这种课程对创业者本身的学术背景有一定的要求，对于录制者本身的语言表达能力有更高的要求，因为毕竟是以音频的方式在进行专业讲解。如果创业者出身相关专业，有丰富的从业经验，会更容易赢得学员的信任。另外，创业者要注意，这样的课程一定不能出现知识性错误，因为学员大多都是专业出身，很容易看出课程的纰漏，如果内容有误，不仅会影响课程的评价，还会影响创业者本人的声誉。

3. 方法类课程

方法类课程是指元宇宙相关应用方法的课程，包括如何用元宇宙游戏创收，如何铸造 NFT，如何创作元宇宙内容等。这种内容实用性强，而且容易做得比较有趣，适合作为付费的主打课程，用来创收。创业者可以先用理念类课程引起学员的兴趣，然后再向他们推荐方法类课程，让他们为内容付费。

方法类课程重在应用和实践，创业者不要浪费太多的时间讲解概念，而是要多讲解实际操作的过程。最好能设计好如何为学员进行演示，并用过往学员的成功经验进行说明，增加方法的实用性和真实性。

元宇宙内容丰富，包罗万象，涉及众多领域和方向，并非只有概念可讲。创业者在开设课程之前要先设计好课程的结构，安排好入门课程、进阶课程、专业课程，并对其受众进行分析，有针对性地营销。想要用课程吸引学员持续学习，丰富的内容永远是关键影响因素。

5.5 明确课程形式，选择合适的平台

平台选择是创业者开始课程培训的重要步骤，也是关键步骤。本节将简单介绍、比较国内几家有代表性的知识付费平台，供创业者进行参考。

1. 喜马拉雅

如前文所述，喜马拉雅将自己定位为在线移动音频平台。对音频媒介更感兴趣的创业者可以主要考虑喜马拉雅平台，喜马拉雅是知识付费行业较早的入局者，也是其中坚力量。喜马拉雅平台的内容包括情感、人文、娱乐、科技等多个领域，覆盖的用户人群广泛。喜马拉雅已经在小说、畅销书、历史人文、商业财经等板块形成了一批具备大量听众的热门课程。

2. 得到

得到将自己定位为知识电商，致力于为 2%的终身学习者提供优质的知识服务，其种子用户主要源于创始人罗振宇的个人公众号罗辑思维，课程的总体质量较高，与很多行业大咖都有合作，如"薛兆丰的经济学课""万维钢·精英日课""宁向东的管理学课""吴军·硅谷来信"等。

3. 腾讯课堂

隶属于腾讯系列产品的腾讯课堂拥有天然背书，其入驻和上课

流程如图 5-3 所示。

图 5-3　腾讯课堂入驻和上课流程

4. 网易云课堂

网易云课堂隶属于网易公司，同样会为入驻的讲师带来背书红利。创业者可以在网易云课堂领先的教育品牌、先进的讲师管理后台、超强的运营团队的支持下，更便捷地开展教学工作，也可以通过流量获得分成福利，如图 5-4 所示。

图 5-4　网易云课堂入驻红利

总而言之，创业者需要以音频或者视频等形式呈现课程，根据自己的授课风格来选择合适的平台，研读知识付费平台的规则并进行入驻，成为其中的一员。在小有名气后，创业者还可以与平台进行更深一步的合作，形成个人品牌与平台品牌的双向背书，实现互利共赢。

5.6 更新课程+关注热点，内容持续输出

想要得到受众群体的持续关注，创业者必须学会做可持续的课程。元宇宙作为一个新兴的热点话题，学员一定更希望能学习最新的、关于元宇宙的热点资讯，因此，创业者要结合政策、形式的变化及技术的更新，持续输出内容。那么如何才能实现内容的持续输出呢？下面的一些方法供大家参考。

1. 写原创

写原创是最好的内容输出，不仅可以帮助创业者建立个人品牌，避免同质化，还可以让创业者灵活地调整内容。学员喜欢什么，不喜欢什么，创业者都可以及时调整。

2. 做话题

话题运营是一个不错的内容运营手段，既可以增加粉丝的认同感，也可以降低运营成本。创业者只需要给学员一个有讨论点的话题，他们就会自发生产内容，这些内容也可以给创业者制作后续的课程提供灵感。

3. 建内容库

元宇宙涉及许多行业和领域，创业者要想自己的课程言之有物、鞭辟入里，就需要建立内容库，把方方面面的知识汇总起来，搭建出自己的内容体系，为课程创作提供灵感。但是创业者切记不要抄袭，因为这不仅涉嫌侵权，更会让你失去粉丝和学员的信任。

4. 紧跟热点

对于一个新概念来说，它的情况可能瞬息万变，所以创业者做元宇宙课程要紧跟热点。热点分为两种，一是可预测热点，二是突发热点。

可预测热点是指事先可以预知的、热度较高的时间节点，如节假日或一些政策法规即将落地等。对于可预测热点，创业者需要将它们一一列出，甚至提前准备好活动素材。

突发热点是指不可预测、瞬间成为焦点的事件，如某公司股票突然大涨等。对于突发热点，创业者能做的只有及时发现和迅速响应，对此要多关注综合门户网站，最好早晨、中午、晚上各看一次。

除此之外，追热点也是一门学问，有些热点不仅不会增加关注度，还会引起争议，导致课程下架。例如，争议性热点、政治性热点、与自己不相关的热点等都建议少追。

5. 加精彩集锦

除了追热点，创业者还可以"炒冷饭"，即将之前发布的重点课程打包卖给学员，方便他们进行体系化学习。

6. 学会放弃内容

放弃内容并不是放弃内容质量，随意推送，而是放弃内容生产本身。课程更新的过程并不一定会一帆风顺，也许刚做好的课程，遇到突发热点，就需要临时下架调整。虽然"开天窗"（取消推送）影响比较严重，但也比内容质量下滑要好。如果实在没法推送课程，创业者可以尝试在学员群发一段文字、一张图片或一段语音，或直接与学员互动，答疑解惑。这样不仅可以缓解学员的小情绪，还可以塑造一个更加鲜活的个人形象。

5.7 粉丝经营，以社群实现长久转化

建立社群运营课程粉丝是提高转化率的好方法。然而，有些课程建立的社群都成了"灌水群"或"僵尸群"，凝聚学员的作用很微小。那么要如何养群，才能实现社群的长久转化呢？

1. 知识养群

购买课程的人，大多都想了解元宇宙的相关知识和经验。针对这个需求，创业者可以为他们提供相关信息，包括与元宇宙相关的资讯、政策、案例、股价等，以提升社群的效用，留住学员。

2. 制定规则

社群散乱、凝聚力差，大多是因为缺少规则，导致学员不重视。对此，创业者可以设置入群门槛、制定奖惩规则，让学员从主观上重视社群，形成归属感，真正把社群当作一个汲取知识、相互交流

的地方而不是一个"灌水群"。

例如，创业者可以规定购买全套课程才可入群，以此赋予入群的学员身份感和归属感。另外，创业者还可以禁止学员在社群中发布广告或无关信息，以此来优化社群的环境。

3. 线上活动

线上活动是一个提升社群凝聚力的好方式。线上活动成本低且快捷高效、易于传播，而且线上是社群成员互动的主要途径，非常容易调动他们的参与积极性。

例如，创业者可以将活动主题定为"大咖分享"，邀请元宇宙领域的专业人士和创业者来做客，分享自己的知识和经验。除此之外，创业者还可以安排互动环节，让学员提问，大咖来解答。这样的活动有近距离接触大咖的机会，想必一定会吸引许多人参与。

4. 线下活动

线上聊千遍，不如线下见一面。一场线下活动是建立信任最直接的方法，它是一种参与感和体验感更强的互动形式，既可以让社群成员面对面交流，增进感情，还可以提升课程的影响力，增加潜在学员的信任感。

例如，创业者可以组织线下沙龙，与学习课程的学员共同探讨元宇宙带来的机会和相关技术的投资与应用。

5. 闪聚闪离

闪聚闪离是指将为了活动建立起的社群，在活动结束后马上解散。创业者可能会为了推广课程建立许多社群，但有免费的社群不产生任何价值，留着它不仅会误导一部分学员，还不利于创业者对学员的管理。对此，最好的办法就是活动结束，立即解散，把高价值的学员转移到精心运营的付费群，然后集中精力，运营几个核心社群。

第 6 章 元宇宙中的建筑师：以更科幻的建筑项目获得收入

无论在现实世界还是虚拟世界，很多人都对能拥有属于自己的房子和空间感兴趣。有需求的地方就有商机，元宇宙创业者可以从大众的需求角度出发，思考人们对元宇宙中的建筑和空间有什么需求和期待，谋划自己如何去满足这些需求。成为元宇宙中的建筑师，在元宇宙中进行房屋和空间构建是个很有意思的选择，不仅可以实现更有创意的设计，还可以打破现实的建造技术壁垒，以更科幻的建筑项目获得创收。其中，如何设计和实现构建虚拟建筑项目的稀缺性，是该领域创业需要考虑的重点。

6.1 BIM+VR，创建可交互的虚拟建筑空间

BIM（Building Information Modeling，建筑信息模型）技术由 Autodesk 公司在 2002 年率先提出，已经在全球范围内得到业界的广泛认可，具备可视化、协调性、模拟性、优化性和可出图五大特点，是一种应用于工程设计、建造、管理的数据化工具。BIM 能够汇总建筑工程项目的各项相关信息数据作为模型的基础，以三维图形为主、物件导向、建筑学有关的计算机辅助设计，对建筑的数据化、信息化模型进行整合，从而建立出可视化的模型，实现在全生命周期过程中的共享和传递。

BIM 和 VR 的结合将会为虚拟建筑的表现效果带来更有深度的优化与应用。VR 能够为建筑师带来沉浸式体验，提升 BIM 的使用效果，使 BIM 在建筑业实现更广泛的推广与实践。长久以来，建筑行业饱受控制施工成本难、理想与现实差距过大的困扰。BIM 和 VR 的结合不仅能够解决上述问题，还能够增强项目的管理能力，为建筑师带来更优质的设计体验。同时，VR 能够进一步加强模型的可视性与具象性，为客户展现更沉浸式的观感及交互性设计。

BIM 和 VR 的结合能够为建筑师提供更具沉浸式的体验，用 3D 可视化技术提高方案的竞争能力与资源整合能力。BIM 贯穿于项目施工的始终，其通过高效的数据传输能力及优质的 3D 引擎，能够大大缩短施工工期，减少施工材料的浪费，实现成本压缩，为企业

带来更高的效益。同时，通过 VR 的优质 3D 引擎，能够重现方案更真实的属性，并能够在虚拟场景中编辑构件，实现工程模型与数据的统一。

BIM 从根本上改变了传统的施工方法，VR 也为人们带来了全新的交互体验，二者的结合将为彼此的领域带来更新的发展，增强技术层次，实现共赢。BIM 与 VR 的结合能够帮助建筑师在设计方案时有效规避设计风险，避免出现设计了很久客户却不满意的情况。同时，其也能够让项目的施工过程先在三维方案中进行模拟，避免出现安全事故，有效降低事故率。

以当下万科、绿地、碧桂园等开发商已经在用的 VR 看房为例，有意向的购房者无需前往实地进行看房，只需通过 VR 设备便可足不出户查看各处房源，走遍各大售楼处的样板间，提前体验到入住后的感觉，从而知晓该房源的优点与缺点，避免后续纠纷。

这便是 VR 技术在房地产领域的新应用，其突破了传统的房地产营销方法，为购房者带来更新奇的体验。事实上，看房只是最简单的应用场景，VR 与 BIM 的结合能够为施工人员提供动态漫游，模拟更真实的施工场景等一系列应用，帮助其改善施工工艺与计划，提升总体的施工质量。

上述案例体现了 VR 和 BIM 结合应用的几个关键落地领域，未来其应用将不断向更多领域扩展。例如，智慧城市建设、运行等都需要 BIM 与 VR 进行辅助。未来，其带来的绝不仅是元宇宙中的虚拟城市，而是现实世界与虚拟世界的一键切换，是新一次技术革命带来的全新突破。

6.2 复刻现实：百位学生共建伯克利虚拟校园

受疫情影响，近年来，世界各地的很多高校毕业生参加线下毕业典礼成了一种难得的体验，很难再感受到毕业典礼的气氛。但有这样一群人，为了圆梦自己的毕业典礼，选择了与众不同的方式。

加州大学伯克利分校的老师与学生受疫情影响不得不选择居家隔离，毕业典礼也被遗憾地推迟。但对于很多学生来说，毕业典礼是一段旅程的终点，也是下一个人生阶段的起点，推迟举行就失去了很多情感方面的意义与仪式感。

为了帮助更多学生在伯克利的学习生涯画上完美的句号，加州大学伯克利分校的百余名学生组建了团队，在沙盒游戏 *Minecraft* 中建立了一座虚拟的学校。他们根据谷歌地图、学校的地理资料等，尝试在游戏中还原每栋建筑的细节。为了精准地生成地形，他们甚至从 NASA（美国国家航空航天局）的航天飞机雷达地形测绘结果中提取数据，以实现最高程度上的还原。百余人经过两个多月的努力，终于在毕业典礼到来前将校园复刻到了游戏中。

毕业典礼当日，参加毕业典礼的学生和老师都可以在服务器中创建自己的个性化角色，并自由设计发型、皮肤等。同时，为了还原真实的毕业典礼，领取毕业服、校长与校友演讲、领取毕业证书、扔学士帽等环节都可以在游戏中进行模拟，力争为毕业生带来最难忘的体验。此外，这场毕业典礼还在 Twitch 上进行了现场直播，只

要你拥有 *Minecraft* 账户，即可在 *Minecraft* 多人游戏标签中输入服务器的 IP 地址参与到游戏中，亲身体验这场疫情中的毕业典礼。

加州大学伯克利分校校长 Carol Crist 对毕业生进行了祝贺，她对这场线上毕业典礼感到十分惊喜，对学生自发组织的活动感到十分荣幸，也希望大家不要因为疫情而失落或紧张，疫情之下反而能够培养出更为强大的勇气与韧性，将会为学生之后的人生提供帮助。

这场在 *Minecraft* 中轰轰烈烈的毕业典礼落下了帷幕，对于很多毕业生而言，是一种很难忘的人生体验，其中，精美的建筑与精巧的设计理念不会消失。有此方面想法的创业者，也可以考虑为个人或团体提供元宇宙建筑搭建的服务，个性化定制往往会带来更高的价值。

6.3 突破限制：打破建筑物理限制，展现无限创意

长久以来，建筑行业往往存在如下两个"病症"。一是建筑成果难以预测，二是品控难以把握。

建筑师跟客户描述的场景是一个"橘子"，设计图纸是一个"苹果"，但客户想要的其实是"香蕉"。客户对建筑行业的陌生与不理解，建筑师限于能力和实际情况做出妥协，这中间产生的矛盾和冲突大量存在。为了解决上述问题，VR 为建筑行业带来了答案。在元宇宙中 VR 将为客户提供更多的交互性与可视性，可以打破建筑物理限制，在虚拟世界中展现建筑师的无限创意。

现实和想象往往存在很大的差距和冲突。作为一个新房的业主，对于未来的家都会有很多美好的期待。当设计师拿着设计图纸对你讲述他的设计理念时，你会期待；当销售指着成品家具对你讲述该商品的设计理念与效果时，你会期待……但这些期待无法落地到现实中，甚至可能会出现落地事故，于是你开始担心房子装修后的效果是否如他们所说的那般美好，开始担心万一有差距该怎么弥补……

一直以来，设计方案难以如实体现到实际中，是建筑行业的问题之一。但随着科技的发展，虚拟现实设备的不断迭代正在推进解决这个问题。而VR技术能够将二维图纸上的建筑进行建模，让其变为更有空间感的模型，让建筑师与客户在虚拟建筑中任意进出，让客户体验未来装修后的空间，以随性的视角看待设计方案，从空间布局、装修风格、材料选择、颜色灯光、家具尺寸、摆放位置等多方面进行深入讨论，优化设计方案，为客户提供令其更满意的方案。

VR全景技术的出现，可以将虚拟现实技术与家居设计相结合，利用多种测量手段辅助设计，探究虚拟现实技术如何具体应用到家居设计中，对此进行多种可行性与适配性研究，致力于解决建筑行业的传统弊病。将VR应用到家居设计中，不仅可以摆脱与客户反复修改的困境，大大减少沟通成本，还可以将从设计到选择的一系列环节都加入服务中。

同时，基于VR技术的基于虚拟现实技术的家居空间装饰设计能够带来良好的沉浸感和交互性，拉近设计师与住户的距离，促进双方的有效沟通，有助于协调设计并解决方案制定期间的各种问题，最大程度地满足住户的物质及精神需要，实现技术与艺术的完美结合。

VR 技术能够将市场中多种类的建材产品进行线上实物建模，上传至素材库中。当设计师定下家居设计风格后，便可以利用 VR 开始在线购物，选择与设计风格相匹配的家居，实现从设计到装修一条龙式服务。这样也可以更好地控制成本，避免因预算问题与客户产生矛盾。

6.4 转变思维：由传统建筑思维升级至多元创造性思维

同样的衣服穿在不同的人身上有不同的展示效果，同样的家居在不同的空间中会体现出不同的产品风格。设计的图纸、选定的颜色、挑选的建材、购买的家居最终组合起来能否达到理想的效果？这是大量建筑师苦苦思考的问题，也是行业存在的痛点。

元宇宙概念的出现和基于元宇宙的技术手段的应用，为这个问题的解决提供了思路和方法。在技术辅助、虚拟世界构建的过程中能够打破建筑的物理限制，更多地将虚拟和现实进行连接和转换。因而，建筑师需要及时转变思维，用更宽阔的视角进行方案的设计和验证，并将客户的需求结合到设计中，用开发思维对设计进行赋能，为客户提供更满意的服务。

在传统建筑思维中，建筑师往往受限于客户的房型，在设计时需要考虑这个地方能放什么、不能放什么。而元宇宙的出现是对现有建筑思维的一种挑战。作为虚拟数字空间，元宇宙所构建的场景并不是现实世界物理秩序的完整体现，反而可能会出现违反甚至颠覆现有思维方式、视野角度的反物理秩序体验的情况。因而，突破原有的传统建筑思维，以更加多元化的创造思维替代现有模式，是元宇宙场景下所有设计师必须面对的挑战。

英国心理学家华拉斯 1926 年提出了创造性解决问题的理论模型，包括准备、酝酿、顿悟、验证的"解决问题的四阶段模式"，也就是创造性思维四阶段（Four Stages of Creative Thought），为创造性思维开创了全新的起点。一般来说，就具体的思维方法而言，普通创业者可以更多借鉴下面的四种方法。

1. 虚构思维

虚构思维是在创意思维过程中的一种假设，是一种偏主观的思维。建筑师利用想象力对某样事物进行主观分析，用新的角度去看待事物，激发创造性思维，将不相同的两个概念放在一起进行思考与创造，以产生新的事物。

2. 发散思维

发散思维是人在解决问题的过程中，从已有信息出发，向问题的各个解决方法扩散，摆脱已知方法与规则的束缚，寻找更深层次、更多维度的解决方法的一种方法。通过这种思维方法，建筑师可以用想象、联想等对主题进行延伸，形成发散的思维网络，从中探索事情的解决方法，产生新的灵感。

3. 逆向思维

逆向思维是指人面对现实已成定论的事物或观点，从事情的结果进行反向思考。这种思维模式打破了常规的思维模式，在很多时候是解决问题的最佳答案。建筑师从多层次、多方向进行反向思考，可能会创造出更加奇幻的视觉效果。

4. 创意思维

与传统理性思考的方式不同，创意思维更多地需要用感性的思维方式进行思考。同时既要有求同思维，也要有存异思维，二者相辅相成。通过打开创意思维，建筑师往往可以变不可能为可能，设计出更具特色的作品。

6.5 个人创收：设计虚拟家居并出售

以发展的眼光来看，元宇宙未尝不是人类在未来世界的一种生存方式。陀思妥耶夫斯基曾说过：没有理想，即没有某种美好的愿望，也就永远不会有美好的现实。其实，现实与理想往往存在很多的冲突和差异，需要人们进行改变、协调甚至是抗争。

例如，我们经常看到一个产品的设计理念很优秀，也受到很多人的关注与支持，但由于工艺技术不足或者成本质量无法保证，此种设计理念无法落地或不能量产。这样的现实对于很多艺术家而言未免有些惋惜，于是一部分人开始选择成为数字艺术家，打破现实的牢笼。

几段计算机代码可能不受大众追捧，但其经手于数字艺术家之后，便可能成为时尚。数字艺术家不再使用现实材料，而是通过数字技术和计算机程序等手段进行艺术创作，将人类感性的思维与计算机理性的数据巧妙地融为一体。这种将数字科技的发展与传媒技术相结合的创作方式，成为近年来许多艺术家的选择。

以阿根廷数字艺术家 Andrés Reisinger 为例，他于 2021 年在网络平台拍卖会上出售了十件他设计的虚拟家居，累计拍卖额超 45 万美元，其中最贵的一件拍卖价为 67777 美元。这些家居都可以在任何共享的 3D 虚拟空间，如 Minecraft 等游戏进行放置，用以设计与装修。

为什么会有这么多人对他如此追捧，甚至愿意花高价购买他的艺术品？原因在于这位艺术家曾经设计出过一款"爆品"。他曾在 2018 年设计了一幅名为 Hortensia chair 的数字艺术作品，其受到非常多人的喜欢与支持，也是最早被在现实中制作出来的数字虚拟家具之一。

Hortensia chair 是一个由两万片粉色花瓣组成的扶手椅，其 3D 渲染图如图 6-1 所示。

图 6-1　虚拟世界中的 Hortensia chair

这把由花瓣组成的浪漫扶手椅一经问世，便受到众人的喜爱，获得几千个人的点赞，风靡一时。*Hortensia chair* 仅凭借一张 3D 渲染图，便获得了几百个意向订单。但由花瓣组成的椅子想要在现实中呈现，难度很高。Andrés Reisinger 和搭档花费一年的时间，经过不断打样与试验，最终发布了这把椅子的线下版本。

现实中的 *Hortensia chair* 在巴塞罗那的 Montoya 画廊正式展出，获得了媒体的大量曝光与宣传，如图 6-2 所示。

图 6-2　现实中的 *Hortensia chair* 扶手椅

但仅仅在画廊展出没有满足 Andrés Reisinger 等人的愿望，他们希望该设计能够在世界范围内得到量产，让更多人欣赏到他们的创意。但这样一个由花瓣组成的椅子想要量产是很难的一件事，创业者可以将目光移到元宇宙领域，用虚拟的眼光看待数字艺术品。

在元宇宙概念中，将不会出现"无法制造的椅子"这种情况，建筑师可以自由设计虚拟家居，不再受无法在现实中制作的思维禁锢，进而设计出更多更具创意、更具美感的作品。对此方面有所造诣的创业者可以考虑在元宇宙中为客户设计虚拟家居，实现虚拟出售。

6.6 团队创收：承接项目+虚拟建筑经营

在创业者已有名气后，可以考虑组建团队承接虚拟建筑设计项目及虚拟建筑经营服务。虚拟经营依托信息化基础，成为企业生存与发展的基础组织形式。虚拟建筑经营作为其中一个种类，是元宇宙可以为之探讨的方向之一。

很多人都玩过 Minecraft、Roblox 等沙盒游戏，玩家在游戏中利用自己的奇思妙想自由建造建筑与城市。但即便你的城市由像素与方块组成，当无数个像素与方块聚集在一起时，也是令人震撼的。现实世界不可能做到的事，在虚拟世界中只需要付出时间便可以完成，这便是元宇宙建筑师可以把握的商机。

对于元宇宙中的建筑师来说，想象力与程序逻辑缺一不可。2022 年年初，风语筑公司发布了元宇宙数字艺术馆的招标公告，在全球范围内召集有创意的建筑师、程序员等，最终获胜的方案设计者将获得 100 万元的奖金。该项目的全球招标为很多建筑行业的从业者提供了信心，现实中设计建筑很有可能需要考虑成本、结构等很多问题，但在虚拟世界中设计建筑时这些问题将不复存在。高自由度的项目吸引了很多建筑师参与招标，以此探索行业与元宇宙的交叉点。

虚拟建筑经营是信息化发展的趋势所在，其能够大大提高信息传递的效率，减少沟通与交易成本，在更多维度、更深程度上扩大经营范围与收益。同时，其凭借虚拟的特点，能够最大程度地对项目进行全流程监控，有效规避工程风险。

创业者可以在元宇宙中搭建虚拟建筑，通过外包、连锁经营等方式将组织职能虚拟化，最终促成企业集约化、规模化。其核心优势在于方案的可行性，以此来对资源进行整合，与其他企业一起形成战略联盟，获得收益。

6.7 "烤仔建工"：元宇宙中的施工队

尽管元宇宙概念仍处在萌芽阶段，但已经有不少建筑行业的设计师加入其中，希望能够凭借自己对建筑的认知找到新的发展机遇。

"烤仔建工"是一支专门承建元宇宙虚拟建筑设计的团队，他们自称"元宇宙施工队"，希望能够扮演连接现实世界与虚拟世界桥梁的角色。"烤仔建工"团队中约有 80%的员工都是来自传统地产行业的建筑师。为了成长为合格的元宇宙建筑师，他们花费了大量时间学习一些平时并不常用的 3D 建模，并尝试在虚拟世界中进行更自由的建筑设计。在经过长期的实践后，他们不仅可以在虚拟世界中发挥创意，还可以对客户提出的要求进行个性化定制，最终给予客户一个满意的方案。

元宇宙中的建筑设计与传统建筑设计相比并不轻松，元宇宙本身带有虚拟的性质，因此如何设计出更具创造力的建筑是每一位"烤仔建工"成员苦恼的问题。为此，他们开始尝试用虚拟世界的素材，搭建现实世界风格的虚拟建筑，甚至尝试将现实世界中的城市搬进虚拟世界中。

元宇宙与现实世界在城市规划方面并无不同，同样有中心城区、郊区的概念。中心城区的房价会贵些，郊区则相对便宜。但在元宇宙中，如果只是单纯地买地、建造房子，那么其与那些五花八门的游戏建模也没有太大区别。在元宇宙设计建筑的过程中最重要的是为建筑提供附加价值，如为某新建虚拟小区进行一次营销策划，吸引其他人的注意力，用活动进行商业赋能，提高溢价。

目前，"烤仔建工"计划将上海的部分街道实地建模至元宇宙中，以便带给用户熟悉、真实的感觉，推动元宇宙虚拟建筑的销售。未来，随着团队的发展壮大，其也将设计出更多的元宇宙虚拟建筑，为更多客户提供优质作品。

6.8 《我的世界》中的"建筑公司"，业务不断拓展

沙盒游戏《我的世界》以丰富的玩法、良好的自由体验等吸引了海量玩家。在其玩家群体中，有一群职业建筑师十分活跃。他们往往会组成数十人的团队，用数字方块搭建宏伟壮丽的建筑，以此从客户处获得报酬。

Varuna 就是《我的世界》中十分活跃的一支团队，由三十余名团队成员组成。在长久的建筑实践中，其积累了丰富的元宇宙建筑经验，业务模式也不断走向成熟。水下王国、城市堡垒、未来风格的城市景观等，无论客户提出怎样的需求，Varuna 都会尽力交出让

客户满意的方案。

Varuna 的创始人名为马斯·苏利科沃斯基，是《我的世界》的忠实玩家。在熟悉游戏的玩法后，苏利科沃斯基便不满足于体验游戏，开始深入研究怎样在游戏中进行创作。凭借对建筑的兴趣，苏利科沃斯基在游戏中建造了各种各样的建筑，并将照片发布到了《我的世界》的论坛中。

这吸引了一些其他玩家的关注，他们开始委托苏利科沃斯基帮助自己建造建筑，这让他嗅到了商机。在之后的日子里，他开始接受委托并建造更宏大的建筑。随着个人业务的拓展，苏利科沃斯基不得不考虑搭建自己的团队，以承接更多大项目并接受更多订单。很快，苏利科沃斯基就搭建了一个三十余人的建筑团队，成员涉及十余个国家。

在发展之初，Varuna 的业务模式十分简单：与客户沟通，交换想法，然后设计并完成建筑方案。很多时候，客户并不知道自己想要什么，或者提出一些难以实现的方案，这时，Varuna 就会帮助客户缩小范围，帮助客户明确自身的真正需求。

在达成合作、确定方案之后，Varuna 会以视频的方式展示建筑的建造过程和细节，包括石子小路设计、屋顶设计等，如图 6-3 所示。

图 6-3　建筑过程展示

同时，在建造过程中，Varuna 会始终与客户保持联系，保证对方对建造的每个步骤都满意。通常，一个客户的项目往往需要 2～8 名成员合作，并负责合作过程中与客户的沟通。

随着团队的不断成长，Varuna 接触到的客户也越来越多。具体而言，其客户主要分为以下三类。

（1）商业公司：当前很多企业都将营销活动放到了虚拟世界中，因此，一些商业公司纷纷与 Varuna 达成合作，委托 Varuna 在《我的世界》中搭建公司某个营销活动的地图，或者在游戏中搭建虚拟的公司总部。

（2）组织机构：一些组织机构也会与 Varuna 合作，为目标人群提供更好的服务。例如，一个名为 Block by Block 的慈善机构就与 *Block by Block* 游戏达成了合作，帮助无法使用高端 3D 设计软件的人在《我的世界》中表达自己的需求。

（3）个人客户：这些个人客户会将 Varuna 建造的建筑用于个人用途，满足自己的欣赏或使用需求。这类客户也是 Varuna 最多的一类客户。

例如，曾经有客户委托 Varuna 在《我的世界》中重现 Orario 的地图。Orario 是一座庞大壮观的城市，出自动漫《在地下城寻求邂逅是否搞错了什么》，城市中遍布复杂的街道和房屋，而所有街道都通向市中心的巨大塔楼。

为了更好地满足客户的要求，Varuna 反复观看动漫，努力获得不同角度下城市的样子，以此构建更真实的场景地图，如图 6-4 所示。

图 6-4　Orario

当前，Varuna 凭借其精湛的业务能力在不断发展中形成了完善的业务模式，收费标准也十分明确。Varuna 在《我的世界》中承接项目的起步价为 999 美元，而一些规模较大的建筑项目往往可以达到数千美元。此外，在一些商业公司的委托项目中，其单笔的佣金就可以突破 1 万美元。在收入分配方面，Varuna 的成员会依据自己工作的小时数来计算佣金。

Varuna 成熟的运作模式为创业者提供了在元宇宙中通过承接建筑项目创业的范本。在团队搭建、寻找目标客户、业务拓展、薪酬分配等方面，Varuna 都十分具有指导意义，创业者可以借鉴其运作经验，搭建或完善自身团队。

第 7 章 元宇宙投资与收藏：NFT 赋能数字内容资产化

元宇宙的出现让数字内容可以实现资产化，由此诞生了许多投资、收藏数字内容的项目，包括虚拟土地、虚拟艺术品等。湖人队的知名球星勒布朗·詹姆斯的一张球星卡售价高达 10 万美元，虚拟土地更是卖出了 3200 万元的高价。可见，未来除了股票、基金、贵金属等，数字内容也将成为许多人资产配置的一部分，而且随着技术的成熟，独特的数字内容将具有广阔的价值空间。

7.1 资产上链，催生更多元的投资机会

区块链是一种不可篡改的分布式账本，它可以让任何人都能在可信任的网络中交易，并确定自己的资产安全性。虽然，目前区块链仍应用于数字资产，但随着元宇宙的发展，人们已开始热议如何将更多资产上链，提升资产的流动性和价值。

什么是资产上链？例如，小张想在区块链环境下购买一套房屋，在这个过程中，房屋被转换为能在数字空间内管理、存储、交易的形式，其所有的信息、产权、交易方式等都被记录在资产的通证中。小张可以实时且永久地验证、存储该资产的有关信息，不需要第三方信任机构的参与，从而解决资产交易中的信任问题，提高交易效率。

随着元宇宙概念的兴起，现实资产上链已经引起了广泛关注。虽然资产不会因上链而发生改变，但上链后的资产的所有权会更明晰。以区块链农业为例，成吨的玉米、小麦等商品在生产者与需求方之间进行交易，在交易时通常会签订包含质量、赔偿、交货时间等内容的合同。而这些商品上链后，生产者与需求方之间的信息差就消失了，通过大数据分析，可以建立种植户、采购商的信用评价体系，从而保证公平交易。

资产上链为资产带来了更多的可能，让投资交易变得更加高效便捷。下面是资产上链的好处，如图 7-1 所示。

图 7-1 资产上链的好处

1. 区块链的不可篡改性证明了所有权

区块链具有的不可篡改的特点，可以很好地帮助每个利益相关者和投资者证明自己的所有权。另外，这个特点也有助于减少欺诈。如果通证所有者多次出售同一个通证，尝试将一个通证卖给多个投资者，这种行为将会被确切记录，并留下确凿证据，从而使其信用扫地，无法欺骗投资者。

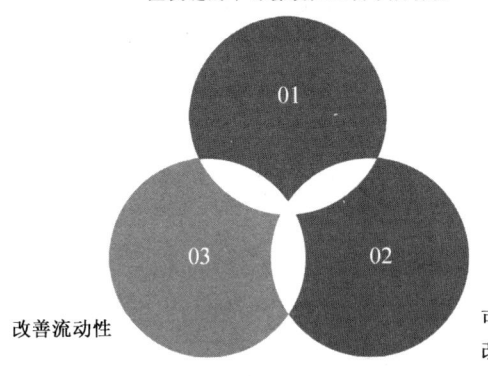

2. 可编程性允许自动化，改善交易和共享管理

智能合约包含不同业务逻辑的能力是指可编程性，有助于建立自动事件，从而更好地预先建立规则，使投资者管理更加容易。由于通证包含内置规则，因此这种可编程性非常有利于加快结算速度。

3. 改善流动性

资产上链增加了部分所有权的机会。这意味着投资者进入市场的机会变多了，并且会拥有更多所有权空间。例如，投资者不必投资房产的整个所有权，而可以选择投资通证化的部分所有权。

然而，资产上链也存在缺陷。因为区块链交易具有永久性，所以如果你在交易资产时，不小心将通证发送到了错误的收件人地址上，那么这一操作将无法更改，而该地址的所有者则会拥有这项资产。因此，在资产全面上链之前，需要着力解决这样的不可逆性问题。

综上所述，资产上链可以简化供应链、物流、合同管理等问题，但该技术仍具有一定缺陷，可能会给使用者带来风险。相信，随着技术的成熟，这种简便的验证身份的方式会越来越普及，让每一笔交易都实现公开透明。

7.2 NFT：加密数字资产的基石

2017年，一款基于区块链的宠物类养成游戏《加密猫》风靡全球，它不仅带来了ERC721协议，更让人们见识了NFT的魔力。

我们常见的通证都是同质化的，可以互换和分割。而NFT则不同，每个NFT拥有唯一的标识，不可互换和分割。在《加密猫》这款游戏中，每只猫都对应着区块链上的一个NFT，拥有独特的身份和价值，如图7-2所示。正因如此，《加密猫》的二级市场十分活跃，最贵的一只猫以75万元的高价成交，这也证明NFT的价值获得了市场认可。

《加密猫》对NFT的实践具有革命性意义，即提出了一种除了货币全新的、独特的承载价值的方式。

众所周知，货币是一般等价物，是具有价值共识的载体。但是，在现代社会，个人财富并不只通过货币持有数量来衡量，而是看其名下的资产。这些资产除了现金，还包括房屋、车辆、股票债券等具有市场价值的物品，其承载的价值往往远大于个人持有的现金价值。

图 7-2　《加密猫》

然而，现实世界中大部分实体资产流动性很差。例如，房屋等重资产需要中心化确权，需要办理各种手续，很少能快速转让所有权。但在区块链世界中，依靠 NFT 的去中心化、不可篡改等特性，就可轻松解决这一问题，让资产流动性更好，从而进行高效交易。

另外，NFT 还具有表征负资产、身份或权益证明、虚拟道具物品等功能，让我们能够将具有独立价值的资产纳入加密资产范畴，获得区块链的保护。

然而，目前由于大部分实体资产属于中心化资产，所以在NFT未达成共识之前，依然还需要中心机构为其背书。例如，如果要将房产打造成NFT上链，在当前的体系环境下，我们依然需要房管局为NFT的价值背书。

NFT既可表征数字资产，又可被用作某种凭证，如房产证、护照、门票等，可见NFT的使用场景非常广泛。具体而言，NFT可以应用于以下几个领域。

1. 艺术NFT

在现实生活中，面对相似的两件艺术作品，我们可以通过鉴定辨别其真假；而在元宇宙中，当艺术品可以进行数字化复制时，怎样才能保持数字艺术品的稀有性？NFT可以作为一种不可篡改的唯一凭证表明数字艺术品的价值，同时证明数字艺术品的所有权。

2. 可收藏的NFT

除了艺术品，NFT可以将其他数字内容转化为可收藏的NFT，明确数字资产价值。

推特前CEO杰克·多西就通过推文NFT平台Valuables将自己的第一条推文变成了NFT收藏品，并以290万美元的价格售出。

3. 金融NFT

在去中心化金融（DeFi）中，NFT同样提供金融价值，其中，也会涉及一些数字艺术品。但在去中心化金融中，它们的价值来自它们的效用。如去中心化金融平台BakerySwap可以为用户提供额外的质押奖励。通过贡献BAKE通证，用户可以收到一个NFT套餐，其中，不同的 NFT 具有不同的质押力。用户可以将这些 NFT 质押，也可以在市场中出售，以此获得收益。

4．游戏 NFT

游戏领域对于可交易的游戏道具有着巨大的需求，游戏道具的稀有程度直接影响其价格。在游戏 NFT 未产生之前，游戏领域内的道具交易已经形成了一定规模，而在 NFT 明确游戏道具的稀有性之后，其价值愈发凸显，对于玩家交易、收藏的吸引力也变得更大。

综上所述，NFT 是加密数字资产的基石。相信随着数据及资产的概念逐渐被大众认可，将有更多的数字资产以 NFT 的形式呈现，我们也将迎来一个更加繁荣的数字经济世界。

7.3 土地投资：3200 万元成交虚拟土地值得吗

2021 年，房地产巨头、新世界发展集团 CEO 郑志刚宣布在元宇宙游戏 *The Sandbox* 中购入一块虚拟土地，购买这块土地大约花费了 3200 万元。

一块看不见、摸不着的虚拟土地价格高达 3200 万元，这让许多人吃了一惊。而这也让人们开始关注元宇宙中的房产项目，很多人不禁发问，虚拟土地能干什么？花 3200 万元投资虚拟土地值得吗？

十多年前，人们购物的主流方式主要是逛街购物，可以和好朋友走在商场里享受各种的物品带来的视觉刺激。但现在，人们只需要打开手机 App 就可以随时随地买遍全世界，商场反而显得不太

"高效"，人们的购物习惯改变了，效率提高了，但是身临其境的购物感受确实减少了。

元宇宙会带来不同体验，它不仅保持着互联网时代购物方便快捷的优势，还可以让我们有身临其境的感觉。我们可以和朋友手牵手在元宇宙中逛各种商店，也可以一键下单，将喜欢的商品寄到家。

想要实现这一场景，我们就需要尽可能地"复制"真实世界中的场景到元宇宙，为用户提供优质的体验。而办公、商业、教育、展览等领域想要进入元宇宙，就需要在元宇宙中拥有一块属于自己的"场地"。这也就解释了为什么元宇宙中的虚拟土地会大受欢迎，甚至价格频频创新高。

具体而言，虚拟土地的价值主要体现在以下三个方面。

首先，虚拟土地具有限量发售的稀缺性。在元宇宙中，每个平台的虚拟土地的数量都是有限的，只有一部分人可以获得，这有益于虚拟土地的价值增值。在获得虚拟土地后，我们可以将其作为收藏品收藏，待价而沽。

其次，虚拟土地能够产出巨大的内容价值。在拥有虚拟土地后，我们可以在其中建设购物广场、美术馆、虚拟学校等，通过这些场所的运营，输出优质内容，吸引大量用户前来体验，从而产生不可估量的价值。同时，这种运营也可以形成良性循环，实现虚拟土地的长久盈利。

最后，虚拟土地能够为品牌营销助力，开辟品牌增长新赛道。品牌可以在其中搭建虚拟旗舰店，发布数字商品，也可以与其他品牌联合开展虚拟时装秀，进行品牌营销。

花费3200万元买下虚拟土地的郑志刚表示，他将在这块虚拟土地上展示10家特色公司，包括诊断及基因检测开发商Prenetics、科技配件品牌Casetify等，这些公司与新世界发展集团都有合作关系，并且非常符合元宇宙的定位。除此之外，这些公司还将推出NFT，为消费者提供更加身临其境的体验。

以虚拟土地的成交价来说，这块虚拟土地显得十分昂贵。但从虚拟土地的多重价值来看，这块虚拟土地将在未来产生巨大的内容价值和营销价值，不仅可以为郑志刚及其合作企业带来真实的资产收益，还可以为各企业开辟营销新场景，持续提升企业知名度。

7.4 盈利模式多样：转售+租赁+开店+承接展览

元宇宙生态教育平台亚洲联信集团创始人何纬丰曾表示，在不同平台购买虚拟土地相当于在不同城市买地。与现实世界一样，这些虚拟土地的盈利模式同样非常多样，我们可以转售、租赁、开店或承接展览，让这些虚拟土地产生价值。

1. 转售

转售是虚拟土地最简单直接的一个盈利方法。像现实世界一样，虚拟土地的价格可能会随着关注人数的增加而水涨船高，且不同地段的虚拟土地会具有不同的价格，这时我们就可以将前期购买的虚拟土地溢价卖出。

数字资产投资集团Tokens.com的子公司Metaverse Group用

61.8 万 Mana（Mana 是 Decentraland 中使用的数字货币）购买了一块虚拟土地，相当于 243 万美元。这块虚拟土地是位于时尚街区中心的 116 块地块，Tokens.com 集团将利用这块虚拟土地经营数字时尚产业。

随着越来越多的人涌入元宇宙，与元宇宙平台相关的数字货币的价格也在飙升，Mana 的价格在一周之内上升了近 60%，虚拟土地的价值也会随之攀升，推动该项目投资愈加火爆。

2. 租赁

元宇宙是个比肩现实世界的虚拟世界，人们既然可以买卖虚拟土地，同样也可以租赁虚拟土地。Metaverse Property 公司如今就在深耕此领域。

Metaverse Property 是一家虚拟房地产公司，主要业务是虚拟财产的收购及以虚拟房地产为中心的综合性服务，包括虚拟房地产买卖、虚拟土地开发、虚拟世界的专家级咨询、虚拟不动产的物业管理、元宇宙营销等。

虚拟土地的租借业务能让更多人愿意投资虚拟土地。很多投资者虽然有资金购买虚拟土地，但没有资源或时间来开发虚拟土地，而地产租赁服务恰好可以解决这一问题，让土地所有者和第三方开发公司建立联系，以此让虚拟土地可以产生稳定的现金流，从而让更多的资金流入虚拟土地行业。

3. 开店

元宇宙是一个全新的虚拟世界，从空无一物到活力四射，需要无数人参与建设。投资者想要让虚拟土地更有价值，扩展其功能是最好的方法，包括建筑、装修、设计等。由此也产生了第三方元宇宙建造服务商，帮助用户设计建筑或场所。

国外的 Voxel Architects 和国内的元筑科技 MetaEstate，都是专门为元宇宙提供建造服务的公司。Cryptovoxels 平台上累计访问量很高的 spaceage、stoneage、glassage 等建筑均出自 Voxel Architects 公司之手。而元筑科技 MetaEstate 也在 Cryptovoxels 平台中建造了 MetaChi HQ、Creation 时尚馆、豪林居饭店等场馆，广受好评。

4. 承接展览

承接展览也是虚拟土地的一大用途。现实世界中有展出实物艺术品的展览馆，而元宇宙世界自然也有展出虚拟艺术品的展览馆。

微博艺术、微博美学联合 MetaChi、元筑科技 MetaEstate 联合打造了数字美术馆，邀请了米巧铭、颜程、杜秋锐等艺术家入驻展示艺术作品。微博数字美术馆并不存在于现实世界，而是位于 Cryptovoxels 中，如图 7-3 所示。

图 7-3 微博数字美术馆

Cryptovoxels 是一款类似于《我的世界》的开放世界游戏，由一个个像素块构成，玩家可以通过购买地皮进行创造，微博数字美术馆正是其中的一个建筑物。

微博数字美术馆"五脏俱全"，展馆通道层次错落，一个个作品被贴在墙上，旁边有简介和二维码。甚至与现实的艺术馆类似，展馆中还有像素盆栽、椅子和冰激凌车。当游客在其中四处游览时，还会在转角处撞上其他游客。

盈利模式的多样造就了虚拟土地的价值水涨船高，而房地产的活跃也让更多的开发商入驻元宇宙，加速了元宇宙的建设。相信随着这一产业的发展，更多现实世界中的场馆会被转移到元宇宙，甚至还会出现"只供元宇宙"的特殊场馆，让元宇宙世界更加繁荣，从而产生更大的商机。

7.5 如何在虹宇宙上拥有自己的虚拟房产

虹宇宙（*Honnverse*）是由天下秀公司出品的一款基于区块链技术的游戏，其定位是国内首款对标 *The Sandbox* 的元宇宙游戏。虹宇宙的目标是构建一种全新的连接用户、创作者、品牌的内容创作生态，消除"用户－创作者－品牌"三者之间的信息差，拓宽消费链路。

虹宇宙中有着丰富的虚拟道具、虚拟形象、虚拟房屋等。进入虹宇宙中，用户可以突破现实世界的时间、空间等物理局限，与全世界的朋友共同娱乐、购物、学习、工作，甚至开动脑筋搞点小发明。通过区块链确权技术，用户在虹宇宙世界中的所有资产，都不再仅仅是游戏的附属品，而是有价值和归属权的真正资产。

目前，虽然虹宇宙还在内测之中，但其影响力已经不可小觑。"虹宇宙"这个关键词在百度指数中呈上升趋势，最高达到了 2906 热度，这说明有很多人都在关注虹宇宙，如图 7-4 所示。

图 7-4 虹宇宙百度指数

虹宇宙中最火爆的项目非房产莫属，用户可以通过做新人任务在虹宇宙中获得成品房屋，然后自由选择装饰、转让、出租等。那么如何获得一套在虹宇宙的房子呢？

首先，需要一个手机号，关注 Honnverse 的小程序。

然后，通过参与活动答题，获得邀请码。目前，虹宇宙已经进行过三轮内测，尚没有开放第四轮。

最后，拿到邀请码后，扫描二维码下载、登录 Honnverse 这个游戏，完成 3 天的新人任务，就可以拿到属于自己的房子了。需要注意的是，这个任务是有时间限制的，如果在规定的时间内未完成，是无法得到房子的。

虽然，目前虹宇宙的房产不能进行二次交易，但作为一款搭载NFT的游戏，其绝不仅仅是传统意义上的游戏而已，而是一个元宇宙的基础形态。对于普通人而言，元宇宙目前确实是一个风口，擦亮眼睛、积极关注、择机参与，是跟上这个时代的正确选择。

7.6 艺术品投资：交易额超百万，数字艺术品为何赚钱

随着元宇宙概念的火热，NFT 加密艺术品开始走进人们的视野。12 岁的小男孩 Benyamin Ahmed 创建的一系列 NFT 作品"怪异的鲸鱼"价值超过 16 万美元；波场 TRON 创始人孙宇晨以 1050 万美元的价格拍下了一个 NFT 头像。这些案例都在表明，NFT 加密艺术品确实是一门好生意。

加密艺术品为什么具有投资价值？原因在于组合投资原理，艺术品本身就是保值增值，用于对冲财产风险的绝佳选择。有能力的投资者会进行多元化投资，但传统的艺术品投资门槛高，需要丰富的知识和经验对艺术品进行鉴别。而 NFT 加密艺术品却不需要，其独一无二和不可篡改的属性大大保护了投资者的利益。

目前，NFT 加密艺术品有两种创作方式：一是由艺术家用计算机直接创作，然后对作品进行加密，操作简单，没有实体艺术品；二是将实物艺术品通过数码拍照、3D 视频等方式转化为数字形式，然后再进行加密，方式复杂，有对应实体艺术品。

任何艺术家的作品，只要经过加密，就是独一无二的了，甚至连作者本人都无法修改。而且 NFT 加密艺术品不像实体艺术品会逐渐变旧和磨损，需要花费大价钱维护和保养。另外，在 NFT 加密艺术品交易过程中，所有交易价格和过程都公开透明，不会因为信息差让投资者花冤枉钱。以上几点，既降低了艺术品投资的门槛，也让一些年轻的、个性化的艺术家进入市场，促进了整体市场的繁荣。

如今，NFT 加密艺术品交易十分火爆，在 Superrare 数字艺术平台上，发布过 7400 多个 NFT 加密艺术品，遍布全球 178 个国家，成交额超过 108 万美元。同时，我国也有一些机构开始从事 NFT 加密艺术品的运作和交易，市场普及指日可待。

在这一火热的市场中，投资者怎样才能够选出更具投资价值的数字艺术品？投资者需要对数字艺术品的多重价值进行分析，明确其最终的投资价值。

1. 实用性

相比于一些只具有欣赏价值的数字艺术品来说，兼具实用性的数字艺术品往往具有更高价值。例如，一些精心设计的 NFT 头像既属于数字艺术品，也可以作为头像使用，具有较高的社交价值；一些游戏开发商推出的 NFT 藏品不仅具有收藏和交易价值，还可以作为游戏道具使用。

2. 所有历史权

如果一个数字艺术品由知名艺术家、互联网巨头发行或者曾被某知名人物持有，那么其也具有更高的投资价值。受这些公司或个人的影响，数字艺术品将会吸引更多人的关注，也更有可能卖出好价钱。

3. 未来价值

数字艺术品的未来价值体现为估值的变化，投资者在购买数字艺术品时也需要对其未来价值进行评估。一般而言，如果数字艺术品由知名艺术家铸造，或者这个系列的数字艺术品在市场上十分受欢迎，那么该数字艺术品将体现出更大的未来价值。

4. 流通性价值

流通性价值体现了将数字艺术品从资产转化为现金所需的时间和成本。在较短的时间内以适合的价格将数字艺术品转化为现金意味着该数字艺术品有较高的流通性，这能够大大降低投资者持有数字艺术品的风险。一般而言，相比于其他区块链平台，基于以太坊区块链铸造并流通的数字艺术品具有更高的流通性。

5. 享受价值

数字艺术品具有享受价值，即"我愿意为数字艺术品花多少钱"。一些数字艺术品背后可能蕴含着一个感人的故事，体现出独特的情感价值，这可以成为吸引买家的附加价值，提升数字艺术品的溢价。

在进行具体的艺术品投资实践时，投资者可以从以上几个方面出发，全面分析数字艺术品的投资价值，以便在数字艺术品交易时获得更多收益。

7.7 NFTCN 锻造网站：制作自己的加密艺术品

既然 NFT 加密艺术品领域大有可为，那么我们如何生成自己的 NFT 加密艺术作品呢？下面介绍如何用 NFTCN 锻造网站，制作自己的 NFT 加密艺术作品，加入数字艺术家的行列。

NFTCN（NFT 中国）是一个数字艺术综合交易品牌，致力于打造人人参与的 NFT 生态，搭建"区块链+内容+社区"的元宇宙。NFTCN 秉承与艺术家"共创，共享，共治"的理念，极力帮助传统艺术家转型与新锐艺术家变现，满足收藏者的需求。

第一步：微信搜索 Bigverse，找到 NFTCN 的官方公众号，如图 7-5 所示。

图 7-5　进入 NFTCN 官方公众号

第二步：进入公众号，单击 NFT 市场，如图 7-6 所示。

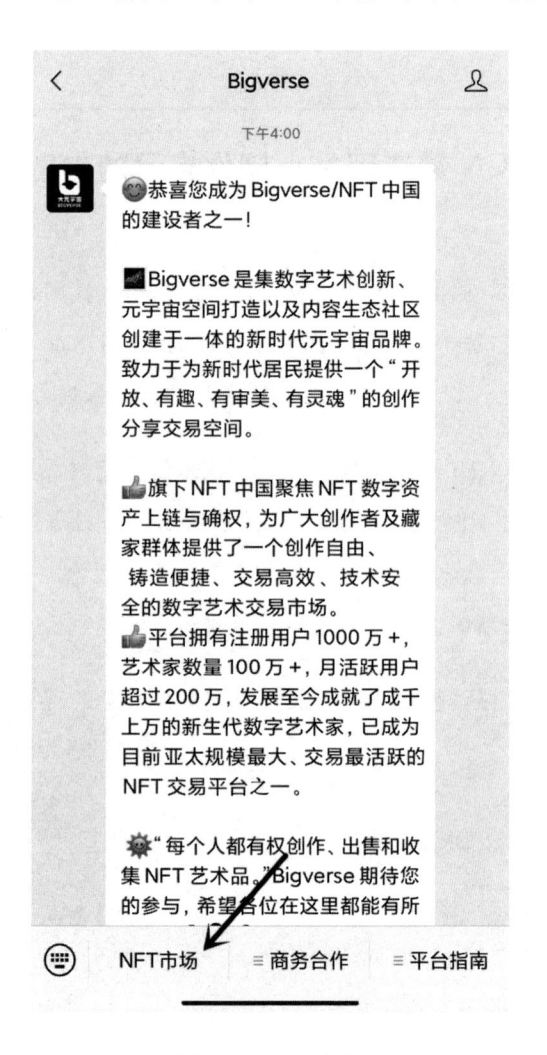

图 7-6　NFT 市场

第三步：填写用户名、邮箱、密码，成为注册用户，如图 7-7 所示。

图 7-7　注册账户

第四步：购买创作燃料，创作一次需要一个燃料，每个燃料价格为 33 元，如图 7-8 所示。

图 7-8　购买创作燃料

第五步：回到我的主页，单击"开始铸造 NFT"。上传作品，填写信息，包括作品信息、作品标签、作品属性、价格等，如图 7-9 所示。这里需要注意，作品一旦上传，不能修改，如果信息填写错误，就会损失购买燃料的费用。另外，作品定价要做好成本计算，我们不仅需要在前期花费 33 元购买创作燃料，还要在作品售出后向平台支付 33 元的燃料费和售价的 10%。所以一件标价 99 元的作品售出后，作者的实际收益为 99-33-33-9.9=23.1（元）。

图 7-9　上传作品，填写信息

第六步：等待平台审核（审核时间一般为半天到一天），审核通过后，我们就能和买家交易了。

NFTCN要求作品一定为原创，如果作者上传的作品是盗版的，一旦接到举报，不仅该作品会被下架，该作者其他所有的作品也会暂时性下架，被重新审核。另外，NFTCN还会将作品在opensea同步发售，让更多人看到该作品，增加作者的成交概率。

7.8 腾讯幻核：为艺术家提供NFT铸造和出售平台

腾讯推出的NFT交易App幻核引发了我国NFT收藏者的广泛关注，该产品隶属于腾讯平台与内容事业群，发售的NFT基于至信链开发。至信链是由腾讯、中国网安、枫调理顺三家企业联合建设的区块链平台，可为取证、公证、版权认证等场景提供帮助。

2022年3月15日，幻核与西安博物院合作，发售了8款汉唐明鉴数字铜镜藏品，分别为"金背瑞兽""海马飞天""七乳神兽""月宫""彩绘狩猎人物纹""八瓣菱形花鸟""真子飞霜""八卦十二辰"，如图7-10所示。

该系列数字铜镜藏品每款1550份，共12400份，每份定价为118元。其中12000份公开发售，其余将用于平台活动。该系列数字藏品上架后，瞬间便被抢购一空。

目前，幻核上架了许多NFT数字艺术品，包括与文房四宝老字号店铺荣宝斋合作发行齐白石画作数字藏品、敦煌联名数字笔画、与故宫合作发行的折扇数字藏品、《狐妖小红娘》元宵数字福卡等。这些作品包含视频、音频、图像、3D 模型等多种形态，且基于区块链技术，永久存储在链上，不可篡改，无法复制。

图 7-10　汉唐明鉴数字铜镜

在创作合作方面，幻核已经和西安博物院、中国文化传媒新文创（IP）平台等机构，以及清风、植选等品牌进行了合作，推出了多样的 NFT 数字艺术品。同时，幻核也将赋能个人艺术家，为其提供 NFT 铸造和出售的平台。

例如，2021 年 8 月，幻核与青年艺术家周方圆合作，推出了限量版万华镜数字民族图鉴 NFT，如图 7-11 所示。该系列 NFT 包含 56 款 NFT 数字藏品，象征 56 个民族，共计 3136 份，每份定价为 118 元。其中 112 份用于平台活动，其余限量出售。

图 7-11　万华镜数字民族图鉴 NFT

个人艺术家怎样成为幻核平台中的创作者？首先需要关注"腾讯幻核"微信公众号，单击右下角"关于幻核"中的"入驻合作"（如图 7-12 所示），获得幻核的官方合作邮箱。然后将个人简介或公司简介、合作内容、联系人手机号等信息发送至官方合作邮箱，通过审核后，艺术家就可以在幻核上创作 NFT 数字艺术品了。

图 7-12　幻核入驻合作页面

与国外的 NFT 运营逻辑不同，幻核目前所售的 NFT 均不可二手交易，不可转让、赠送。虽然目前的限制较多，但幻核的出现依然是 NFT 市场面向 C 端市场的一次有力尝试。根据幻核的介绍我们推测，未来其会努力开拓更丰富的 IP 和玩法，让任何次元的收藏家和创作者，都可以在这里拥有全新的文化选择的自由。

第8章 元宇宙创作者经济：你的每个创意都是无价之宝

如果我们绘制了一张图片发到网上，可以获得收益吗？以现在的技术来说，几乎是不可能的，因为图片很容易被复制，甚至点两下鼠标就可以获得，创作者很难获得收益。数字作品的版权保护问题一直困扰着广大创作者，元宇宙的出现，让区块链等技术应用于版权保护领域，使得数字作品的确权问题有了解决方案，从而也会推动创作者经济的繁荣。

8.1 从以代码为中心到以创意为中心

随着元宇宙的内容愈加丰富，相关创作者的数量也在呈指数级增长，由此产生了创作者经济。其中，工具的简化是推动创作者经济发展的重要原因。早期的创作模式较为固定，无论在游戏、互联网还是电子商务领域，都需要通过编码来创作内容。

1. 先锋时代

先锋时代的创作者几乎没有可用的高效工具，一切都要从头开始。网站需要用 HTML 编写；建设网上购物平台需要创业者自己写入购物车程序；游戏和显卡设备也需要程序员写入代码才能运行。

2. 工程时代

在创意市场开始获得关注后，团队人数开始越来越多。从头开始构建内容速度慢、成本高、工序复杂，无法满足快速更新的市场需求。于是，市场上开始出现 SDK 和中间件，以节省开发人员的时间，减轻他们的负担。例如，在游戏中，OpenGL 和 DirectX 等图形库为程序员提供了渲染 3D 图形的能力，使他们无须了解很多低级编码即可进行创作。

3. 创作者时代

创作者时代的特征是内容需求的急剧增加。这个阶段的创作者不希望编码拖慢他们的创作速度，并且希望将才能发挥到优化内容本身上。市场上出现了大量的工具、模板等素材，将创作过程从以代码为中心变成以创意为中心，"零代码""无代码""低代码"等各种开发越来越成为趋势。

创作者可以在几分钟内在 Shopify 创建一个购物网站，而无须知道代码；3D 图形可以使用可视化交互平台，在 Unity 和 Unreal 等游戏引擎中制作，无须使用较低级别的渲染 API。

目前，很多元宇宙平台，如 Roblox、Rec Room、Manticore 等，都有整套集成工具供创作者使用。创作者只需要发挥自己独特的创意，就能打造好作品，极大提升了创作效率。

8.2 NFT 版权保护，让创意更值钱

版权不易保护一直是制约数字作品发展的一个重要原因。创作者收益不高，自然不愿意投身创作。而 NFT 的独特记录功能或许可以打破这一现状，重新定义创作者、受众、管理者、艺术产业之间的关系。虽然它未必能立即解决所有知识产权保护问题，但可以给予创作者更多的权利。

区块链内容保护公司 Custos Media Technologies 的联合创始人 G-J van Rooyen 曾表示，首先，NFT 可以让我们安全地追踪作品权利的转移；其次，NFT 可以为创作者提供永久的支持。例如，每次作品以更高的价格转售时，创作者都能自动得到奖励。

在当今的创意产业中，数字作品产生的大部分价值都流向了发

行平台等中介机构，而出力最多的创作者却处于劣势。有了 NFT 技术，这一领域的收益权利就能向更有利于创作者的方向转变。

NFT 的出现可以顺利解决数字时代下使用权和所有权分离的问题。通过区块链中的标识符及元数据标记原始画作的所有权，使创作者的版权是独一无二、透明、可追溯的，由此使其拥有收藏价值，从而保护创作者的利益。这样，无论是谁使用该作品，所有权都在创作者手中，而滥用、盗版、收入分配不公等问题就可以很好地得到解决。

虽然与知识产权保护相关的技术解决方案已经在区块链领域存在多年，但目前距 NFT 正式应用于创作者版权保护仍有一段距离。因为，现在大部分 NFT 铸造平台呈现碎片化格局，每个平台独立运营，互不相通，没有办法真正实现作品的流通，无法有效解决无论客户在哪购买 NFT，创作者都可以收到版权费的问题。

但随着技术的成熟和相关政策的出台，NFT 最终会颠覆创意产业现有的版权管理模式。NFT 将会拥有非常多元的应用场景，当一个作品被铸成 NFT 后，这个作品就会成为区块链上独一无二的数字资产，从而实现数据内容的价值流转，这无论对企业级还是个人创作者来说都是一件值得高兴的事情。

8.3 创作者工具：平台开发工具降低创作门槛

你有没有想过自己开发一款游戏？对于一款游戏来说，从构思到开发，再到出品，需要极高的专业性，这对普通玩家来说几乎是不可能独立完成的事情。而元宇宙却逐渐让它成为现实，大部分元宇宙平台的开放属性，为了建设内容生态，为创作者提供了开发工具，让其从玩家成为创作者，极大地丰富了平台的内容。

我国游戏领域的行业新秀迷你创想就在这方面进行了诸多探索。公司旗下明星产品《迷你世界》是我国用户体量最大的沙盒游戏之一。迷你创想并未满足于当下的成就，而是持续加码全平台的生态共创者。

传统的游戏场景开发往往需要架构师、前端、后端、测试、UI 等角色共同配合，但《迷你世界》改变了传统创作路径，让每个用户皆可开发游戏。

《迷你世界》基于自研引擎的强可塑性，为用户提供了不同阶段的开发工具。初级创作者可以利用素材方块进行场景搭建，或利用触发器进行可视化编程。专业开发者可以利用底层的 Lua 脚本编辑器进行更复杂的创作。

每个玩家都可以通过平台一站式管理、编辑、测试、发布自己创作的游戏。开发工具的便捷性和开放性，降低了游戏开发的门槛，从而扩展了平台内容的边界，在游戏内形成了"游戏－创作－游戏"的良性循环。

同时，为了吸引更多优质开发者，《迷你世界》推出了"星启计划"，对优质开发者进行扶持。平台除了为开发者提供技术及服务支持，还会提供亿级流量、亿级资金、85%的分成比例、线下基地免费入驻、薪资补贴等福利，帮助开发者打通创作之路。

据公布，《迷你世界》单月月活突破 1 亿人，认证开发者数量超

40万人，分成超5000万元。可见，其扶持措施有效推动了整个内容生态体系蓬勃发展。在创作体系、经济体系、扶持措施等的相互连接下，开发者可以凭借优质作品获得更多的曝光和收入。

例如，《迷你世界》中有一对父女开发者组合"樱桃"，在一年左右的时间里就成长为收入百万元的开发者，作品下载量超5000万元。在享受到创作者经济的红利后，二人成立了樱桃工作室，专注于《迷你世界》的内容创作。

同时，《迷你世界》不仅会对个人开发者进行开发支持，也会对工作室的发展进行扶持。除了内容创新激励、扶持期先进激励、阶梯分成激励，工作室招募新成员还可以获得平台的工资补贴，这使得开发者能够获得丰厚的回报。例如，某个由一名游戏策划和5名应届大学毕业生组成的工作室在签约《迷你世界》后，在4个月左右的时间里便已获得百万元的收入。

像这样以游戏开发创收的开发者，在《迷你世界》上还有很多。他们有的是用创作收入交学费的初中生，有的是用创作实现经济独立的大学生，还有兼职创作的都市白领、网店店主、创业者等，他们在这里用自己的创意实现梦想，建造未来。

接下来，我们看看如何参与"星启计划"，成为《迷你世界》的认证开发者。

首先，我们需要关注迷你世界粉丝阵地公众号，输入"怎么成为认证为开发者"，它会回复活动申请链接，如图8-1所示。

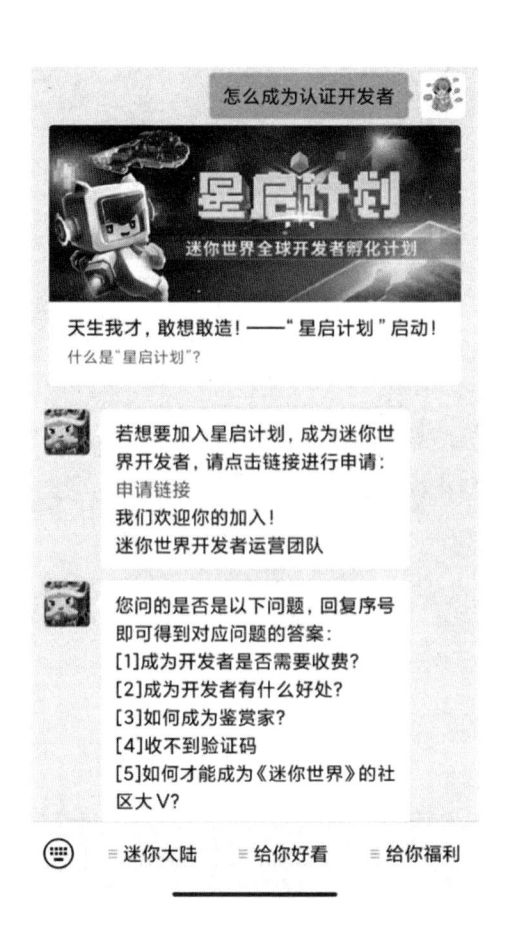

图 8-1 《迷你世界》粉丝阵地公众号

然后，单击申请链接，在新页面选择"成为工作室"或"成为还是独立开发者"，如图 8-2 所示。

最后，单击"成为工作室"或"成为独立开发者"，可以看到与之相对应的认证开发者要求，就可以按照要求报名申请了，如图 8-3 所示。值得注意的是，如果玩家最近 60 天内在《迷你世界》发布的作品，人气值大于等于 5000，就有可能收到官方的邀请函，成为认证开发者。

图 8-2 申请页面

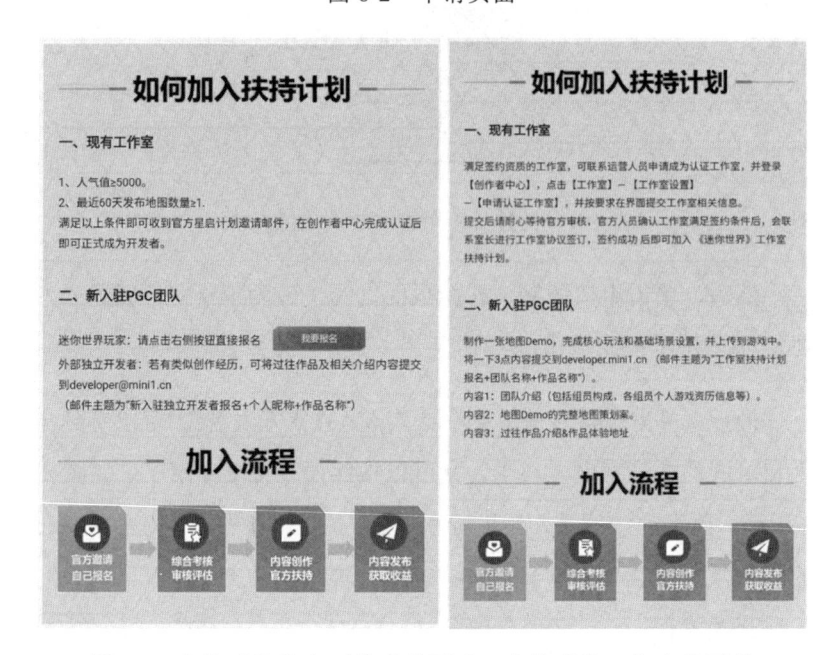

图 8-3 左为成为独立开发者的要求，右为成为工作室的要求

元宇宙是一个开放且没有边界的世界，其对内容的需求是无止境的。随着版权认证的完善和工具的简化，成为创作者将是普通人入局元宇宙的最好机会。

8.4 AI 创作，低成本实现高质量创作

随着技术的进步，更高效、便捷的 AI 创作逐渐走入人们的视野。AI 创作可以极大节省创作者的创作时间，简化以往的创作步骤，让创作更有效率，从而满足元宇宙对内容的海量需求。

1. AI 写作

在 2021 年的世界人工智能大会上，百度创始人李彦宏介绍了百度输入法升级的"AI 助聊"功能，用户只要输入几个字，AI 就能自动联想出接下来的内容，其文章类别涉及面很广，包括普通句子、诗词、RAP（说唱）词等，可以有效解决文字创作者灵感枯竭的问题。百度输入法并非 AI 写作领域的第一任，早在这之前，彩云科技的"彩云小梦"已在 B 站大火。大批 UP 主以 AI 自动续写的故事为题材做了视频，拿下几十万的播放量。

文字脚本是很多内容形式的基础，包括音乐、视频、小说等。但是创作者在长时间创作的过程中很容易遇到思路不畅的问题，想了开头却不知道如何展开。而 AI 续写可以很好地解决这一问题，帮助创作者理清思路，启发灵感。

以下是几款 AI 写作工具。

(1) 神码 AI 智能写作

神码 AI 智能写作是一款针对百度和谷歌的分词算法而开发的写作软件，此软件生成的文章更容易被搜索引擎青睐，从而产出阅读量"10W+"的爆款文章。

(2) 爱发狗软文助手

爱发狗软文助手是一款免费的垂直管理的软文辅助软件，凭借其 NLP（自然语言处理）、深度学习等技术，可以自动搜索素材，生成原创文章。另外，原创检测功能可以让文章快速通过搜索引擎的原创检测，如图 8-4 所示。

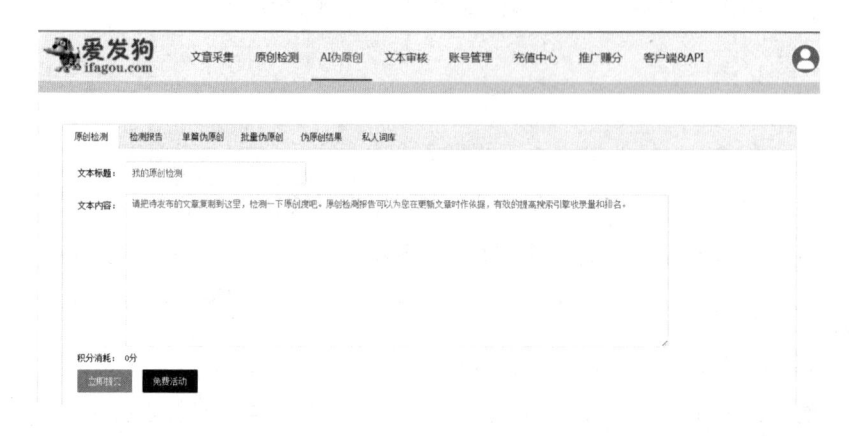

图 8-4　爱发狗软文助手

2. AI 剪辑

视频是近几年一个非常火爆的内容创作形式，抖音、快手、B 站等平台涌现出了大量优质的创作者。但视频相较于文字，创作过程比较复杂，一些视频剪辑软件更是需要深入学习之后才能驾驭。正因如此，一些主打"快制作"的剪辑工具出现了，它们可以帮助创作者快速处理视频素材，让初学者也能快速上手剪出优质视频。

以不咕剪辑为例，不咕剪辑于 2020 年初上线，其团队早在 2017 年就开始尝试将 AI 融入视频剪辑中，以降低创作门槛，丰富视频内容。2022 年，不咕剪辑将推出 V2 版，对功能进行进一步优化，让普通用户以低学习成本、低时间成本可以制作出接近专业水平的视频。

对于视频制作来说，人物抠像是一个最主要的难点。想要制作题材新颖、特效丰富的视频，就需要进行人物抠像，将原本视频中的人像转移到新的场景中，但这需要很长时间逐帧对视频进行处理。而且为了保证新场景逼真，对创作者的技术要求也很高。不咕剪辑的抠像功能则完美解决了这一问题，它可以快速进行抠像，用户只需要一点，就可以轻松抠出视频中的主要人物或物体，如图 8-5 所示。

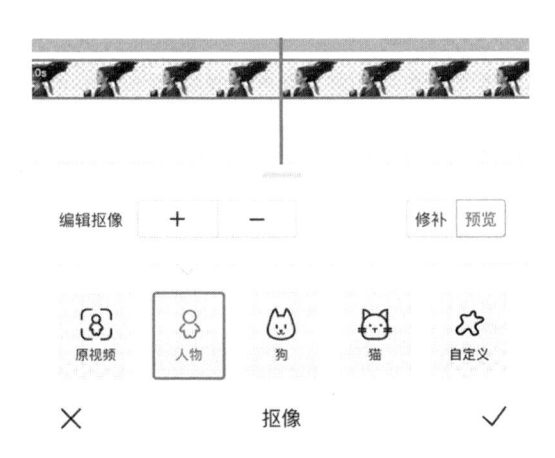

图 8-5　不咕剪辑抠像功能

"快制作"现已成为剪辑产品的主要发展方向。运算能力低、操作更简单的剪辑软件，可以为视频平台拓展更多创作者，让无数普通人也能创作出自己的视频。

3. AI音乐创作

AI创作的审美如何，一直是人们讨论的话题。在很多创作者眼中，AI创作作品虽然效率高，但终究还是少了细腻的情感表达。但随着AI的演进，其创作能力有了进一步提高，即使是需要丰富情感表达的音乐行业，也能使用AI进行创作。

下面介绍几款领先的AI音乐创作工具。

（1）Amper Music

获得音乐授权许可是一个复杂的过程，Amper Music可以简化这一过程。Amper Music是一个影视和游戏内容创作背景音乐的平台，可以自动生成各种风格的音乐。这款软件的免费版本提供的功能有限，付费升级后，可以实现更自由的音乐创作，包括对情感的表达。

（2）AIVA

AIVA是一款可为广告、游戏、影视等内容创作情景配乐的工具。其公司曾用AI技术发表专辑，为视频游戏作曲，发表作品 *Opus 1 for Piano Solo*。除了帮助用户重新开始创作音乐，AIVA还可以制作现有歌曲的变体，从而让现有内容拥有更多样的形式。

（3）Melodrive

Melodrive是最早能够创作具有明显感情色彩的AI音乐创作工具之一，可以依据媒体环境生成与视频风格匹配的配乐。

AI 创作工具的出现，极大地降低了创作的门槛，让即使是对写作、剪辑、谱曲一窍不通的小白也能创作出高质量的作品，这为元宇宙形成无边界的内容生态奠定了基础。

8.5 新职业创造新收益，捏脸师月入数万元

元宇宙的发展催生了一些新兴职业，其中一些依靠为客户"捏头像"赚钱的捏脸师已经率先享受到了元宇宙的红利，赚取了令人艳羡的高收入。一般而言，在虚拟世界中捏一张脸的价格往往在几十元至几百元之间，而随着客户对虚拟形象个性化要求的不断提升，捏脸的价格也不断增加，甚至有客户愿意花费几千元购买一张虚拟的脸。在这种市场行情下，一些手艺精湛的捏脸师已经成功获得了较高的收入，实现了月入数万元。

当前，伴随着游戏技术的进步，游戏的个性化程度也越来越高，其中突出表现在捏脸方面。玩家可以根据自己的喜好调整虚拟形象的脸型、眼部轮廓、嘴部轮廓等，如图 8-6 所示。

伴随着捏脸系统的逐渐完善，"游戏五分钟，捏脸三小时"成为许多玩家的真实写照。同时，一些玩家能够轻松捏出漂亮或帅气的脸庞，而一些玩家却始终也捏不出自己想要的容貌，因此捏脸也存在一定的门槛。在此背景下，许多玩家为了节省时间，或者得到自己想要的虚拟形象，就会通过购买的方式，从捏脸师这里获得更符合自己审美标准的虚拟形象，众多玩家的巨大需求也催生了新的获利空间。

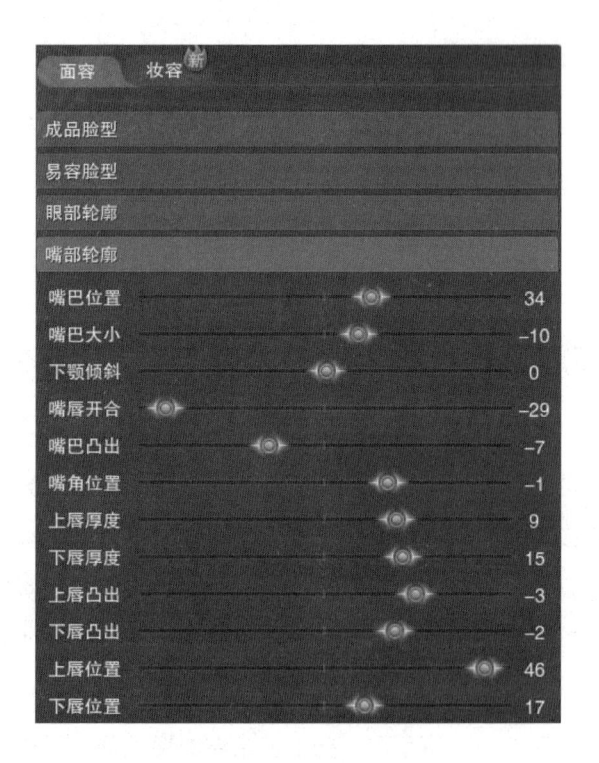

图 8-6　游戏中的捏脸功能

因此,擅长在游戏中捏脸的玩家可以以捏脸师的身份赚取收入。具体而言,捏脸师可以通过以下三种途径获得收入。

1. 淘宝合作

当前,市场中已经逐渐搭建起了捏脸产业链。《逆水寒》《永劫无间》等大型游戏中都存在完善的捏脸系统,也催生了玩家的需求。淘宝中也出现了各种各样提供捏脸服务的店铺,为玩家提供捏脸定制服务,如图 8-7 所示。捏脸师可以在淘宝中寻找相关店铺,与其合作,实现淘宝接单。

图 8-7　淘宝中的捏脸店铺

2. 入驻 Soul

为满足用户的个性化需求，Soul 上线了"个性商城"，并审核签约了一批捏脸师。捏脸师可以在 Soul 平台中提交申请，通过入驻"个性商城"成为签约捏脸师。之后捏脸师就可以在平台中上架原创头像作品，并以此获得收益。

3. 个人接单

在个人接单方面，捏脸师可以将自己的捏脸作品发布在微博、小红书等平台上，以此吸引粉丝并寻求订单。这种方式十分适合已经在细分领域内积累起一定知名度的捏脸师。

8.6 虚拟产品设计师或将成为热门职业

据美国专利商标局称，耐克于 2021 年 10 月提交了 7 份用于虚拟商品的商标申请。商标申请用途显示，这些商标主要用于可供虚拟世界使用的鞋类、服装、头饰、眼镜、运动器材、艺术品、玩具、配件等虚拟商品。除了商标申请，耐克还在对外招聘鞋类虚拟设计师及其他虚拟设计岗位人员。这个职位属于数字产品创建团队，该团队的主要任务是引发数字和虚拟革命。

耐克并不是唯一一个推出虚拟产品的品牌，知名品牌 Gucci 也曾推出过在 Roblox 和 CRChat 虚拟社区销售的"Gucci Virtual 25"虚拟运动鞋。这双鞋并不存在于现实世界，用户需要使用配套的 AR 应用才能看到自己穿上这双运动鞋的样子。

这些品牌对虚拟产品的尝试，也预示着新兴行业和职业的出现。虚拟产品需求增多，同时也会增加对虚拟产品设计师的需求。这要求我们需要重新进行能力规划，学习新的技能。下面是如何为未来的设计工作做好准备的几个诀窍。

1. 设计的定义更广泛

过去，人们通过学习图形设计、工业设计、交互设计来进行有限的设计产出。而现在随着技术的更新，应用场景的增加，设计将拥有更多的可能性。我们必须认识到这一点，抛弃旧思维，拥抱新事物。

2. 非线性的职业道路

如今,随着市场经济的繁荣,一辈子只为一家公司服务的情况越来越少。人们甚至不会始终遵循一条职业轨迹,在一个行业里走完一生。越来越多的人会遵循市场需要进行转型,由此,除了高科技类开发人员,是否科班出身或许变得不那么重要,更多的公司开始关注求职者的成长意识和相关的经验积累。

3. 设计与商业"0"界限

设计师越了解业务,就越能给业务创造更多价值。随着用户定制化、个性化产品的需求增加,设计师便不再只是一个设计师,而是一个能为企业出谋划策的卓越的策略伙伴。

4. 创业精神

随着元宇宙对内容需求体量的增加,以及版权保护的进一步升级,更多的企业高管开始注重设计的价值,越来越多的设计师会参与产品和服务的前期沟通过程,他们会因此得到更高的报酬。但与此同时,企业对设计师的要求也会更高,设计师既要能解释产品或服务的设计创意,又要能解释设计如何给企业创造利润。

5. 3D 打印与一次性设计

未来的产品会更加动态化,随着 3D 打印等技术的普及,多种形态的产品设计将成为可能。而设计师的职责是将 3D 打印引入创意工作中,从而将工作具象化,让创意获得更多的可能。未来也许人们需要的各种产品,都可以通过 3D 打印创造出来。

6. 体验设计

随着人们生活水平的提高，购物体验不再局限于交易体验，它还包括产品营造的品牌氛围及象征的生活方式。设计师需要具备进行高端体验设计的能力，为此，我们需要更加了解用户需求。

7. 数据与设计的结合

随着虚拟时代的来临，很多设计的表现形式并非实物。因此，设计师需要更多思考人机交互模式，例如，智能家居的传感器发现门未锁，智能大脑辨识到正在进入的人是家庭成员之一，便思考是否需要基于此人的喜好为其亮起一盏小灯，而不是让其亲自动手开灯。

8. 建立跨学科团队

元宇宙的出现让各学科的技术逐步融合，设计工作也需要跨学科的团队一起协作。例如，一个城市设计的项目，不仅需要建筑设计师，可能还需要医生、技术架构师等背景的人才，这样混合背景的团队会催生各种有趣的想法，可能会使项目更快、更容易完成。

9. 技能拓宽无法避免

未来的设计师可能需要掌握更多技能，除了传统的设计知识，还需要掌握数据分析、商业规划、定价技巧等知识。

未来，随着工具的简化和内容场景的升级，创新能力将成为重要的竞争力。设计师将能在更多的场景下发力，元宇宙的每一处建设都离不开他们的帮助。

8.7 教育+创作：探索 STEM 教育应用

STEM 是指 S（Science，科学）、T（Technology，技术）、E（Engineering，工程）、M（Mathematics，数学）四门学科英文首字母缩写。STEM 教育是指对学生加强这四个方面的教育，创新教育模式，使学生具备信息意识与创新意识，养成数字化学习习惯，具备重视信息安全及信息社会伦理道德与法律素养。

高度开放性的元宇宙游戏也为 STEM 教育提供了崭新的形式。《我的世界》中国版上线后，也加入了"编程一小时"项目，借助《我的世界》，提高中国孩子对计算机编程的热情。

"编程一小时"项目原是美国一家非营利组织 Code.org 发起的科普活动，目的是鼓励全球年轻人尝试编程，吸引了全球成千上万的青少年加入。

游戏开发商和微软专门为孩子设计的《我的世界》"编程一小时"教程，是连接游戏与编程的重要桥梁。它面向 4 岁以上孩子，让参与者在玩游戏的同时，能通过可视化模块关卡学习编程。

当孩子绞尽脑汁思考如何让史蒂夫获取钻石镐时，可能不知道自己在玩游戏时拖动的五颜六色的方框，就是一个个枯燥乏味的代码。这个教程将枯燥的学习过程变成了有趣的游戏，让孩子在挖矿、建造、种植、畜牧、探险的过程中，激发出好奇心、想象力和创造力，培养逻辑思维能力。

"编程一小时"项目能让那么多青少年玩家参与，除了因为游戏本身拥有一定用户基数，还因为其在很大程度上顺应了我国人工智能教育蓬勃发展的趋势。

元宇宙的出现，让人工智能的应用更加广泛，教育机器人比赛开始受到关注。面对这一未来趋势，我国许多家长开始注意培养孩子的科学素养，编程教育呈低龄化。《我的世界》"编程一小时"项目无疑为编程教育创造了更多的可能性。

孩子抛弃枯燥的课本，聚在一起讨论如何创造更有趣的世界，在游戏的过程中主动拥抱计算机科学教育。父母借助《我的世界》与孩子互动，发现孩子更多的可能性，拉近与孩子的距离。老师将《我的世界》作为教学辅助工具，引导孩子学习科学。

对于游戏的评论一直有争议，特别是儿童游戏，几乎会令所有的家长谈游戏色变，而未来这种局面或许会有所改观。高自由度、开放的元宇宙游戏，不只是休闲娱乐的工具，它还可以成为培养孩子科学素养、辅助教学的工具，成为打开科学之门的启蒙老师，从而获得社会各界的认可和支持。

8.8 简单五步：用罗布乐思 Studio 开发自己的游戏

罗布乐思 Studio 是一个针对罗布乐思游戏的开放创作工具，创作过程简单、门槛低、好上手、代码量少、维护成本低，同时，其还有一套模式算法，创作者不需要为流量过度担心，可以尽情发挥创意。

目前，罗布乐思 Studio 上涌现了不少优秀作品。例如，《符文猎人》《埃及公主》和 *Color Combat* 等都获得了玩家的大量好评。那么，作为一个开发小白，如何用罗布乐思 Studio 成为创作者呢？我们将过程简单归纳为以下五步。

1. 下载与注册

罗布乐思 Studio 可以在罗布乐思创作中心免费下载，目前有 Windows 版和 Mac 版。对于硬件配置，罗布乐思 Studio 并没有太高的要求。Windows 版用最新的集成显卡的笔记本电脑即可操作，Mac 版则需要安装在 macOS 10.11 以上版本的设备上。

第一次使用罗布乐思 Studio 需要注册账户，在罗布乐思创作中心页面右上角单击登录按钮，会弹出登录界面，如图 8-8 所示。

图 8-8　罗布乐思 Studio 登录界面

我们可以通过微信或 QQ 进行注册，跳转至注册页面后，根据引导填写相关信息即可。成功注册后，最好先不要开始创作，而是去罗布乐思开发者论坛看一下官方公告和新手教程，还可以和其他创作者讨论，获取经验和开发资源，如图8-9所示。

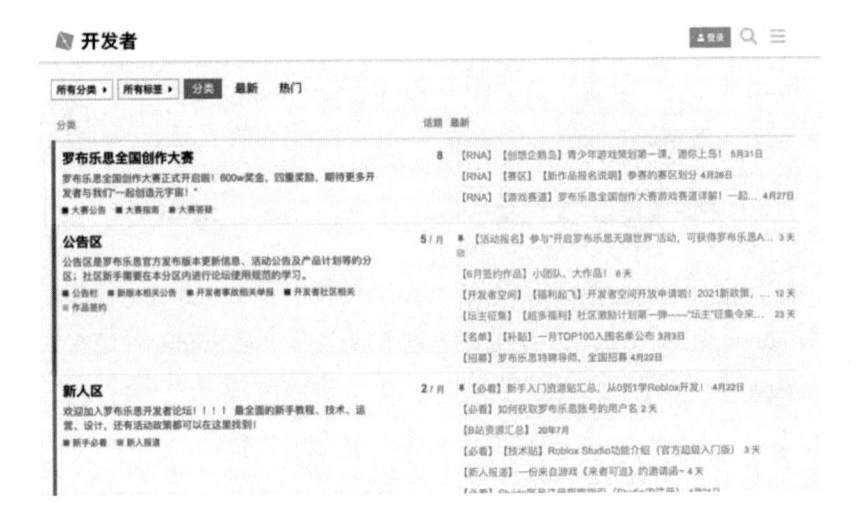

图8-9 罗布乐思开发者论坛

对罗布乐思Studio有初步了解后，我们便可以开始创作了。罗布乐思Studio有极高的自由度，一切创作都可以由我们说了算。

2. 体验模板

在罗布乐思Studio中，有一些预设模板，引导初级的创作者入门，例如，Obby（障碍跑）模板的设计类似于《神庙逃亡》的玩法，玩家需要控制角色向前跑，并避开障碍物。

如果我们想做一个罗布乐思版的障碍跑，可以单击主界面"新建"按钮，找到Obby模板，双击打开，如图8-10所示。

打开模板后，我们可以看到一个可游玩的基本版，按下开始按钮便可启动这个模板，通过W、A、S、D四个键控制角色移动，空格键进行跳跃，鼠标右键进行观察。在这个过程中，我们还可以随时按下停止按钮，停止测试，如图 8-11 所示。

图 8-10　新建 Obby 模板

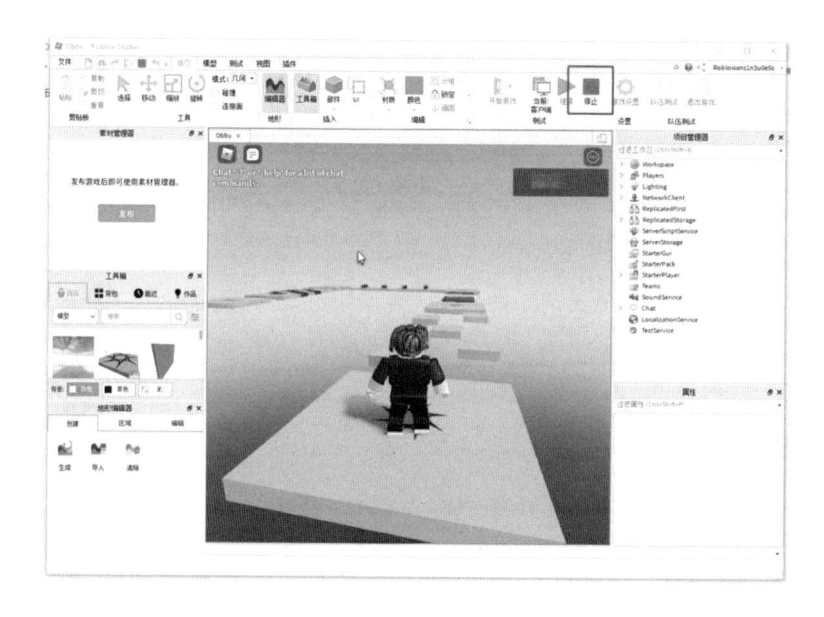

图 8-11　Obby 模板测试

3. 创建新项目

通过模板我们对障碍跑玩法有了一个基本的了解，下面就要创建自己的障碍跑游戏了。我们需要先关闭 Obby 模板，然后单击 Baseplate（底板）模板，创建空白项目，如图 8-12 所示。

图 8-12　新建 Baseplate 模板

由于我们需要一个空白的世界来创作游戏，所以我们进入 Baseplate 模板后需要先删除底板。选择视图选项卡，单击项目管理器按钮，找到并单击 Workspace，再单击并选中 Baseplate，然后按下 Delete 键即可删除底板，如图 8-13 所示。

4. 设置起点与部件

对于障碍跑这类游戏来说，起点是一个必需的元素。所以，我们需要通过 SpawnLocation 来标记玩家在开始游戏时在世界中的初始位置。我们需要单击项目管理器按钮，单击 Workspace 旁的

"+"，找到并单击 SpawnLocation，如图 8-14 所示。

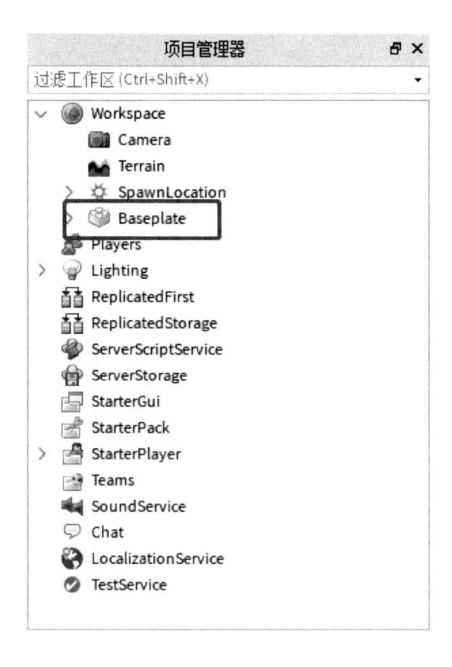

图 8-13　删除底板

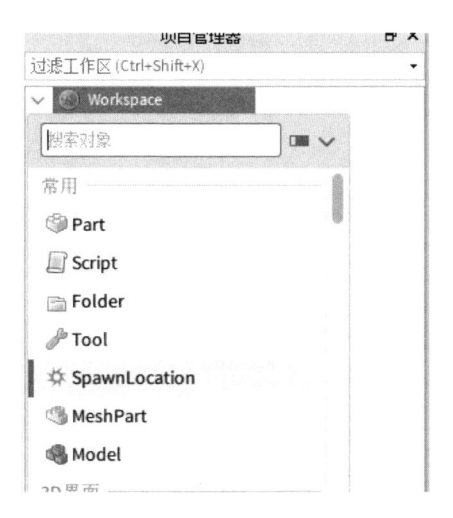

图 8-14　创建起点

有了起点后，我们需要用各种部件搭建不同的关卡。选择模型选项卡，单击部件图标，即可在画面中加入新部件，如图 8-15 所示。

图 8-15　加入新部件

如果要挪动部件的位置，我们可以在编辑器窗口中选中它，然后单击移动工具，拖动带颜色的箭头将部件移到其他位置，如图 8-16 所示。

图 8-16　移动部件

在罗布乐思 Studio 中，因为有对齐功能，所以其默认的移动距离是一格，旋转的默认角度是 45°，这个功能可以帮助我们准确地把部件放在一起。当然我们也可以自定义移动的距离和旋转的角度，只需要在模型选项卡中找到"旋转"和"移动"，输入想要的数值即可，如图 8-17 所示。

图 8-17　调整部件角度

调整完部件位置后，我们还需要对部件进行锚固设定，防止其被玩家或其他对象撞到时随意挪动，如图 8-18 所示。

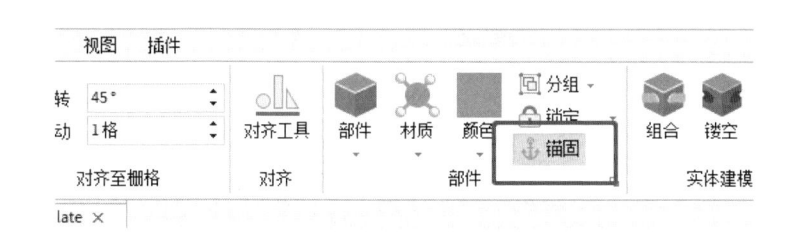

图 8-18　锚固

除此之外，碰撞也是一个重要的元素。如果我们希望实现碰撞效果，可以对碰撞选项进行设置，如果打开碰撞选项，则无法将部件与另一个部件重叠；如果关闭碰撞选项，则可以随意移动部件，如图 8-19 所示。

图 8-19 碰撞

当然，除了调整部件的位置，我们还可以自定义部件的大小和角度。选择缩放工具，选择部件，可以朝任意方向拖动、调节部件大小，如图 8-20 所示。同理，选择旋转工具，可以使部件绕轴旋转，调节部件的角度，如图 8-21 所示。

图 8-20 缩放

图 8-21 旋转

5. 创建关卡与发布

为了避免玩法过于单调，我们还可以为游戏添加各种形状的部件，如图 8-22 所示。

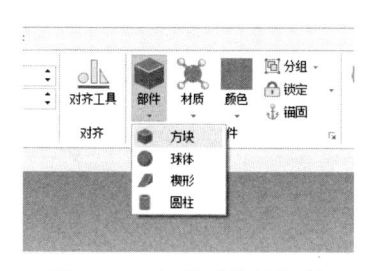

图 8-22　各种形状的部件

设计完成后，可以单击开始按钮，测试自己制作的游戏效果。在测试的过程中，我们会发现有需要改进和优化的地方，通过调整可让游戏更具可玩性。

最后记住，在使用罗布乐思 Studio 时，最好每 10 至 15 分钟发布一次。一方面随时保存是个好习惯；另一方面，其他用户也可以第一时间体验该作品。

我们可以选择文件选项，将作品发布至 Roblox。然后填写作品名称并输入作品简介，最后单击创建，即可成功发布，如图 8-23 所示。

图 8-23　发布作品

为了制作更加精致的作品，我们还可以去罗布乐思开发者论坛或 B 站，和一些资深创作者进行交流，以学习更复杂的动效设计和场景制作方式。目前罗布乐思 Studio 涵盖了多种游戏玩法，包括战斗冒险类、模拟经营类、平台跳跃类、多人竞技类等，而且随着开发者、作品的日益增多，工具的不断完善，还有许多新奇的作品不断涌现。

第 9 章 元宇宙虚拟人IP：多元化商业变现潜力

元宇宙概念的火爆，让虚拟人IP受到广泛追捧。与传统IP相比，虚拟人IP优势明显，如可塑性高、互动能力强、潜在应用场景多等。这些优势让虚拟人IP在商业变现上有着无限潜力，无论广告代言、直播、现场演出，还是客服、讲解员，虚拟人IP都能胜任。除此之外，其广泛的衍生产品，也能带来不菲的收益。

9.1　建立人设：贴合场景才能发挥价值

即使不是动漫、游戏等二次元内容的发烧友，也都曾见过洛天依、初音未来等虚拟形象。近几年，虚拟形象与商业品牌联动已经是司空见惯的事了。那么，明明有真人代言人，品牌商为什么还要打造虚拟形象呢？

以火爆 B 站的虚拟 UP 主"鹿鸣"（如图 9-1 所示）为例，"鹿鸣"初期发布视频，以可爱、逼真的外形收获了一大批粉丝，视频播放量轻松突破百万。它的成长历程就像一个不断迭代的产品，初期，将"行业顶尖的精致和生动的虚拟形象"这一核心价值呈现给用户，交付了一个最小可行性方案。后来再发布虚拟桌面，突破单一运营形式，通过更多途径与用户互动。

图 9-1　虚拟 UP 主"鹿鸣"

打造这样的一个虚拟形象等于打造了一个亲近用户的推广渠道。并且不同于活动推广，虚拟形象更能与用户建立情感关系，从而与之保持长久的联系。这也就是要打造虚拟形象的原因，即通过对多元场景进行覆盖，以更亲和的方式接近用户。

那么如何让虚拟形象落地呢？需要经过三步：形象设定、人设运营、对接产品功能，通过构建贴合产品和使用场景的人设，才能最大化虚拟形象的价值。

1. 形象设定

形象设定不仅是一张人物图片，为了让虚拟形象更接近真实的人，我们要给虚拟形象撰写一份简历，内容包括从哪来（背景），到哪去（目标），我是谁（图文设定）。例如，B 站的两个虚拟代言人 22 娘和 33 娘，其名字的设定就来自 2010 年 BILL 娘投票选出的 22 号和 33 号作品，如图 9-2 所示。

图 9-2　22 娘（左）和 33 娘（右）的人物设定

2. 人设运营

相对完整的人物形象设计好后，就需要为用户提供接触虚拟形象的场景，建立用户对虚拟形象的认知，一般包括直播、短视频、代言等方式。

（1）直播是比较正式的运营手段，适合在虚拟形象有了成熟的粉丝基数后进行。

（2）短视频是目前效果最好的推广形式，不仅可以推广虚拟形象本身，还可以直接在短视频创造的场景中介绍产品功能、传达产品价值、体现产品调性。

（3）虚拟形象还可以直接作为产品的代言人出现，我们可以把虚拟形象融入产品，让其成为产品包装的一部分，还可以让虚拟形象以品牌的名义直接与用户进行触摸、对话等。

3. 对接产品功能

虚拟形象的目标之一是引导玩家使用核心功能。在虚拟形象俘获了用户的心后，就要适时推动其为产品站台。以手游为例，可以通过以下两种方式让虚拟形象吸引用户更频繁地回到游戏，从而促使其留存。

（1）扩充推广渠道：让虚拟形象在小程序、App、游戏主页等渠道发布消息和活动推介，从而引导用户回到游戏。

（2）建立用户画像：找出用户在游戏中的珍贵回忆，为用户打造针对性的惊喜，例如，生日礼包、成就纪念、回归礼包等。这样可以唤起用户对游戏的记忆，从而刺激用户回到游戏，并与其建立更深的情感关联。

虚拟人 IP 不同于传统的商业品牌形象，它们更强调真实的形象和人格，并励志与用户"交朋友"。因此，虚拟人 IP 想要发挥更大的商业价值，需要进行更精细的运营，根据产品的情况和场景不断进行调整。

9.2　形象设计：3D 建模+AI+动捕+渲染

哔哩哔哩曾专门为虚拟偶像举办了一场线上演唱会 Bilibili Macro，在演唱会上，初音未来、洛天依、虚拟主播 Kizuna AI、白上吹雪等纷纷出镜，瞬间引起轰动，让人们看到了虚拟人技术的现在，同时憧憬了她们的未来。

由于技术限制，目前虚拟人大多以静态图片或短视频的形式出现，抖音上大火的美妆博主柳夜熙最长也只出镜了 128 秒。

虚拟人开发可谓"台上一分钟，台下十年功"。这种"超仿真"形象的后期开发过程很漫长，不仅需要高精度原画设计，还需要高写实 3D 建模、高水准虚拟人引擎、高精度动捕、高精度修帧渲染。每个步骤既耗时耗力，又需要很强的专业能力。

3D 建模要做到高写实，除了要还原皮肤、毛发等细节，还需要做到表情自然，说话不失真，才不会给观众造成"僵硬木讷"的观感。

纯动画特效设计成本高昂，因此，每个虚拟人背后都有一个实时驱动的真人，用于动态捕捉表情动作。这些行动演员和配音演员被称为"中之人",将他们的表情、动作、语言嫁接到虚拟人身上,是虚拟人设计中最常见的操作。

行动演员需要穿着内含多个传感器的动捕服,用于采集动作。想要达到高精度动态捕捉,一方面需要依靠行动演员高超的表演技巧,另一方面需要技术能够对行动演员的动作进行有效捕捉。例如,为《泰坦尼克号》《头号玩家》等影视作品提供过特效支持的公司打造的高仿真虚拟人"小艾"就是高精度动捕作品。

"小艾"以 Momentum 为核心技术,运用高精度的眼球追踪技术,甚至可以捕捉演员的眼球震颤,还原演员的表情。除此之外,该技术还能根据演员的动作幅度,进行重力计算,真实还原发丝的摆动效果。

渲染也是所有动画设计中不可缺少的一个环节,虚拟人最终能有几分逼真,都要依靠渲染的修饰,这也是众所周知设计虚拟形象最耗时的环节。例如,2019 年由导演卡梅隆创作的科幻电影《阿丽塔:战斗天使》,为了让电影效果逼真,这部电影后期渲染了 4.32 亿小时,一度成为当时的热点话题。

除了依靠"中之人"1:1 仿真的虚拟人,还有一种虚拟人,他们不仅拥有逼真的外表,还有智能的内在,能够和观众互动,实时反馈。

博采传媒设计的超写实虚拟人马当飒飒,就是一个由 AI 操控,能够独立思考的虚拟人。马当飒飒就像电影 Her 中的萨曼莎,是带有自我意识的虚拟人,能够与人类进行互动。

为了让马当飒飒拥有智慧，博采传媒采用超写实引擎与实时互动算法。与柳夜熙这样的虚拟人相比，马当飒飒需要进行实时渲染，只有延时控制在100ms以内，观众才能感受到声画同步，才会有与真人互动的感觉。未来，在元宇宙中，这样的虚拟人将是人机交互的接口，相当于现在的手机App，他们可能会在元宇宙从事各种服务性工作，如讲解员、导购、客服等。

上述两种虚拟人，无论"中之人"操控还是AI操控，都有他们的用处。AI操控的虚拟人可以作为人机交互的接口，而"中之人"操控的虚拟人可以成为用户进入元宇宙的媒介。未来，为了方便每个人进入元宇宙，我们可能会拥有自己的虚拟人。像科幻电影中展现的一样，每个人穿上可穿戴设备，就能成为"中之人"，用自己的虚拟形象进入元宇宙。

现在很多游戏都增加了捏脸功能，玩家可以根据自己的喜好创建游戏角色，这个功能的本质是3D建模，也是虚拟人的一个应用。但是想要创建一个完美的游戏角色并不是一件易事，很多玩家常常花费数个小时后发现自己捏出的形象并不符合期望，由此便诞生了"游戏捏脸师"行业，"游戏捏脸师月入上万"的话题甚至曾冲上热搜。

作为元宇宙的原住民，虚拟人在元宇宙的发展过程中大有可为。随着相关技术的发展，虚拟人可能会越来越逼真，越来越智能，直到与真人无异。而虚拟人也会在元宇宙中承担更多的工作，帮助人们更好地在元宇宙生活。

9.3　广告代言：虚拟人成为潮流时尚界的宠儿

广告代言是如今虚拟人的一个重要商业应用场景。为了抓住元宇宙这个风口，很多品牌都向线下大火的虚拟人抛出了橄榄枝。燃麦科技推出的超写实虚拟人 AYAYI 就是其中之一，如图 9-3 所示。

图 9-3　虚拟人 AYAYI

很快，AYAYI 就获得了保时捷、LV 等一线品牌的青睐，承担起了品牌宣传的任务。2022 年 2 月 28 日，AYAYI 在小红书上发布了新的动态。照片中，AYAYI 一袭黑衣，佩戴着蒂芙尼 Knot 系列镶钻黄金项链、手链和戒指，为蒂芙尼新产品做推广，如图 9-4 所示。

图 9-4　AYAYI 佩戴蒂芙尼饰品

燃麦科技是如何将虚拟人 AYAYI 变成潮流时尚界的宠儿的呢？

1. 内容优势

内容优势是一个虚拟人成功的关键因素，具体包括虚拟人的外貌、性格、动作等。虚拟人 AYAYI 之所以能初次亮相就引起广泛关注，在于燃麦科技曾反复雕琢形象、人设。团队根据其人物小传，参考相似的真人照片，修改了 40 多个版本才设计出定稿。

另外，燃麦科技的团队成员都是广告、影视等行业的多年从业者，具有丰富的网红孵化经验，并且曾参与众多影视剧、动漫作品的创作，对潮流、IP等内容的搭建具有深刻的理解。可以说，燃麦科技在虚拟人形象的设计和运营上有得天独厚的优势。

2. 数字资产商业化

打造虚拟人只是燃麦科技布局元宇宙的第一步，将"数字内容资产化，数字资产商业化"才是燃麦科技的最终目标。燃麦科技将围绕虚拟人构建自有品牌，开放创作生态，引导粉丝参与二次创作，从而将围绕虚拟人产生的大量数字资产进行商业化。虚拟人AYAYI参与设计数字产品便是其中的一个体现。

2021年，燃麦科技推出数字厂牌"THE CHAIN"，专注于数字艺术与新媒体艺术的结合，目标是孵化更多数字艺术家和品牌。目前，"THE CHAIN"已签约20多位青年数字艺术家。另外，燃麦科技还将利用线下展览和线上空间的平台优势，孵化出更多的数字品牌。

作为我国虚拟人IP领域的先行者之一，燃麦科技从诞生伊始就对数字内容制作和数字品牌搭建的路径进行了规划和设计。据报道，未来，燃麦科技还将在时尚、体育、娱乐等领域深入挖掘数字资产的商业价值，并建立自己的元宇宙世界观。

广告代言只是虚拟人IP变现的一个途径，其更大的价值是以虚拟人IP内容为中心的数字资产的变现。燃麦科技显然注意到了这一点，它并没有完全把目光局限在虚拟人AYAYI本身上，而是以虚拟人AYAYI为突破口，形成数字品牌矩阵，深入探索数字资产的价值。

9.4　行业 KOL：班长小艾成为知名育儿博主

2020 年，"六一"国际儿童节当天，数字王国旗下的虚谷未来科技推出了国内首位虚拟少儿阅读推广人班长小艾（如图 9-5 所示），这是数字王国在消费级虚拟人领域推出的核心产品之一，目标是瞄准教育市场。

图 9-5　班长小艾

1. 独特定位

与现在大火的虚拟偶像不同，班长小艾的定位是第一位深入少儿教育圈层的阅读推广大使，目标是利用创新技术，为少儿教育、在线少儿阅读注入新活力。同时，班长小艾开辟出的新应用场景——直播带货，也为出版行业升级带来了新机遇。

班长小艾的名字源于文学名著《爱丽丝梦游仙境》中的主角Alice，其外形延续迪士尼的风格，由多位视效艺术家以"显微镜级别"的高标准共同打造。同时应用数字王国的独家技术——骨骼绑定及实时动态技术，使班长小艾的表情与动作能栩栩如生地实时展现。在发布的概念片中，班长小艾不仅拥有灵动的表情、流畅的动作，甚至在特写镜头中，雀斑、唇线等细节都清晰可见。此外，随着班长小艾的每一次跳跃、旋转，她的发丝与裙摆都会呈现出不同的变化。

为了体现出班长小艾的独特定位，虚谷未来科技为她量身打造了人设。班长小艾是一位活泼开朗、多才多艺的12岁狮子座少女，她喜欢阅读，善于分享，成绩优异。这样贴近青少年的人设，既可以拉近和青少年的距离，又能对青少年形成正向的引导。

2. 市场缺口

虚谷未来科技的CEO唐佳娴曾有一段12年的教育出版经历，这段经历让她对儿童教育有了更深刻的理解，这为班长小艾的创设奠定了基础。根据唐佳娴的经验，12岁以前是青少年培养阅读习惯的关键时期，但工作繁忙的家长甚少有时间陪伴孩子阅读。因此，就需要一个像班长小艾这样领读陪伴的角色，激发孩子的阅读兴趣，培养其阅读、思考的能力。

3. 多元场景应用

目前，因为疫情的影响，在线教育逐渐走向常态化。然而，12 岁以下的孩子自控能力较差，单纯依靠老师教授知识，学习效果并不好。由此，班长小艾就有了一个新角色，即助教。她既可以引导学生回答老师提出的问题，使课堂生动起来，又可以引导老师进行一问一答，提升课堂的互动性。这样，枯燥的网课吸引不了儿童注意力的问题便能迎刃而解了。

除此之外，班长小艾还是一位资深的育儿博主。在百度百科的提问上，虚谷未来科技的团队为班长小艾设计了"树洞"专题，很多家庭、教育问题，例如，被学校和家庭疏离的女童安全问题、大人们对自己原生家庭教育的遗憾问题等，都可以在这里向班长小艾寻求答案。

目前，班长小艾还在布局短视频、流媒体直播等应用。在淘宝、抖音等直播间，班长小艾围绕自身的定位，为童书、儿童学习用品、玩具等产品直播带货，进一步拓展自身在教育市场的影响力。与真实的主播相比，班长小艾不存在档期冲突、知识盲区、工作负荷等问题，她随时都能以饱满的状态、专业的知识储备，应对不同平台的教育领域的直播。

元宇宙与教育结合是一个重要的赛道。目前，教育市场的数字化转型是我国的一个重点建设方向，教学辅助工具、在线教育、智能课堂等领域，虚拟人都大有可为。

9.5 演唱会：虚拟演出彰显巨大商业价值

2020 年 4 月，美国说唱歌手 Travis Scott 在游戏《堡垒之夜》中举办了一场虚拟演唱会。主办方在游戏中搭建了一个游乐场与扬声器组成的星球，玩家可以在失重的状态下获得沉浸式的音乐体验。这场虚拟演出除了展现了一场精彩的表演，还体现了更多内涵。

1. 商业价值

从商业角度来看，游戏虚拟演唱会的成功，体现出了其不可估量的商业价值。

对于演出者而言，崭新的与粉丝互动的媒介形式显然是极佳的宣传平台，不仅可以吸引游戏粉丝和歌迷，还可以吸引好奇的路人的关注，斩获更多的关注度。Travis Scott 在《堡垒之夜》举办演唱会后，他在 Pandora 上的音乐流增长了 124%，排名跃升至 163 位。

对于游戏而言，与明星合作举办演出，不仅可以活跃老玩家，增加新玩家，还可以售卖周边产品，形成完整的商业链条。《堡垒之夜》在演唱会开始前几天，就开始在游戏商城中售卖 Travis Scott 礼包、皮肤、道具，这些产品为《堡垒之夜》创造了巨大的营收，如图 9-6 所示。

图 9-6　Travis Scott 礼包、皮肤、道具

2. 虚拟空间不受限制

与线下演出相比，虚拟空间拥有更多的可能性，人们可以穿越时空，获得现实世界无法获得的体验。例如，2021 年天猫超级品牌日的超级企划，其在上海外滩举办了一场数字交响开幕秀"赛博古典之夜"，贝多芬跨越百年与靳海音交响乐团及中国著名作曲家刘卓共同演奏第九交响曲片段中的《欢乐颂》。这种穿越时空的奇幻体验，在现实世界中是难以想象的。

可以说，与现有的商业价值相比，虚拟演出的可能性更值得人们期待。试想，也许有一天，我们可以亲身参与过去的演出盛宴，见证已故的艺术家们"重生"在自己面前，而这些新奇的体验将让虚拟演出拥有更大的商业价值。

从早期《第二人生》中人们只能单纯地坐着聆听交响乐，到《堡垒之夜》更为游戏化与沉浸化的观赏体验，虚拟演出逐渐形成了自己的商业发展轨迹。

首先,虚拟演出从原本的单向输送信息变得更具交互性,玩家信息获取的方式更加个性化。同时,虚拟空间打破了时空的限制,让演出内容有了更多可能性。其次,游戏等平台为虚拟演出提供了一个虚拟在场空间,游戏的沉浸感强化了观众的在场感,使观众能进一步感知到自己与其他人的连接与共鸣,虚拟与现实的边界进一步模糊。

与现实演出相比,虚拟演出能带给观众更多的意外与惊喜。《堡垒之夜》演唱会或许只是一个开始,随着技术的成熟,我们相信,虚拟演出一定会变得更加绚烂多彩。

9.6 前台客服:虚拟人员工入驻多家银行

现在,我们走进银行可能会发现,银行前台多了许多虚拟人员工,他们效率高、服务周到,非常贴心。2019年,浦发银行推出AI驱动的3D金融数字人在部分网点轮岗,服务客户;2021年,百信银行推出首位虚拟数字员工AIYA艾雅,作为该银行的"AI虚拟品牌官"(如图9-7所示);同年,江南农商银行推出VTM数字员工,可以完成交易自助应答、业务办理、风控合规等服务。

为什么这么多银行都要打造虚拟人员工呢?原因是虚拟人员工与金融服务场景有着非常高的契合度,其全自动问答功能,可以满足金融服务业的三大需求,即风控的需求、金融客服的需求、代言人人设不易崩塌的需求。

图 9-7 百信银行"AI 虚拟品牌官"AIYA 艾雅

1. 风控的需求

银行贷款在审批前需要收集客户的各类信息并形成表格,这些工作非常烦琐,人工处理反而容易出错,而虚拟人员工则可以降低这种风险,快速完成信贷早期风控的信息收集工作,对客户进行精准定位。另外,虚拟人员工依靠算法,可以有效监控银行内各项财务数据的波动情况,早发现、早预警,降低出现错误决策的概率。

2. 金融客服的需求

虚拟人员工可以及时在产品销售前和销售后对客户遇到的问题进行解答,提高响应速度,提高服务效率和优化质量。这样既可以随时满足客户的需求,又可以减少金融服务业对人工的依赖。

3. 代言人人设不易崩塌的需求

金融行业的产品需要极强的信用背书，如果代言人出现信用问题，是非常影响银行形象的。而虚拟代言人永远不会出现人设崩塌的问题，而且与产品的契合度更高，极易为银行塑造正面形象。

《虚拟数字人深度产业报告》预计，到 2030 年我国虚拟数字人市场规模将达 2700 亿元，具有非常广阔的应用空间。其中，像 AYAYI、班长小艾这样的"身份型"虚拟人的市场规模预计达到 1750 亿元，而银行普遍采用的"服务型"虚拟人，市场规模也将达到 950 亿元。

可见，虚拟人员工在未来银行具有巨大的想象空间。虚拟人作为元宇宙的交互载体，将是未来银行与客户进行品牌对话、打造沉浸式服务的重要形式。

9.7 会展详解：虚拟讲解员讲解内容更立体

讲解员能够帮助参观者获取展品信息，从而方便参观者游览，是会展的重要组成部分。而且讲解员必须具有一定的专业素养，既要对展会相关知识熟练掌握，又要以标准的普通话进行讲解。虽然讲解员可以帮助参观者了解相关知识，但讲解过程依然有些枯燥，而现在虚拟讲解员则可以让讲解过程更有趣，讲解内容更立体。

以标贝科技为例，其通过打造海量语音库，聚焦明星、动漫 IP 和优质发音人，推出一系列产品和服务。如 AI 虚拟讲解员可以为参观者讲解馆藏文物、历史，并以字幕、图片、视频等形式展示，让参观者更全面地了解藏品。AI虚拟讲解员将真人讲解员从高强度的工作中解放出来，让其有更多的时间可以从事其他富有创造性的工作。

此外，标贝科技的AI虚拟讲解员还可以根据需求定制形象，不管是真人，还是卡通人物、卡通动物，形象、声音都可以进行个性化定制。例如，陕西历史博物馆的唐妞，大英博物馆的"猫神"贝斯特都是符合博物馆形象的特别讲解员。

目前，虚拟讲解员是很多展会多媒体互动展厅中不可缺少的一部分，它们以新颖的展示方式吸引参观者，能进行人机互动。不仅让展会耳目一新，还可以吸引参观者主动了解相关信息。有些展会的虚拟讲解员还可以通过屏幕或立体投影形成虚拟主持人的影像，通过红外感应技术，参观者可以通过触摸、选择，与虚拟讲解员进行互动、对话。当参观者靠近传感器时，虚拟讲解员会主动移动，迎接游客，介绍展会项目。不同公司的虚拟讲解员有其各自的特点，但大多具有以下几个特性。

1. 先进性

虚拟讲解员的屏幕效果透明、立体，可以吸引参观者的眼球，让体验更接近真实的讲解员。

2. 灵活性

虚拟讲解员的屏幕大小及形态可自行选择，可以根据应用场所、用户需求定制多种样式、尺寸，能满足多种展会的需求。

3. 延展性

虚拟讲解员的演示视频或3D建模的人物可以随时更改替换，

展馆可以将其打造成更符合展会定位的样子,从而提升参观者的体验感。

4. 科技性

虚拟讲解员的屏幕周围没有任何线缆,可以带给参观者魔术般的体验。而且虚拟讲解员还支持多屏拼接,可以打造出更多样化的视听效果,吸引参观者深入了解展会的情况。

虚拟讲解员外表端庄、能动能笑,有着真人般的接待效果,而且讲解内容正确,形式多样,不会遗漏,可以带给参观者更优质的参观体验,也可以让展会内容更加丰富多彩。此外,虚拟讲解员没有工作时间的限制,永远充满热情,可以大大提高展馆的运营效率,减少人为的纠纷和意外。可以想象,这样的虚拟讲解员将像银行的虚拟人员工一样有着非常广阔的应用空间。

第10章 元宇宙广告营销：面向Z世代的营销方案

在有些品牌还在纠结是把营销预算投向电视台、电梯广告还是短视频App时，另一些品牌已经在规划元宇宙营销方案了。Z世代作为互联网的原住民，自然就成了各大品牌进行元宇宙营销的主要对象。

Z世代不愿意被当作付钱的工具人，而是希望与品牌建立精神共鸣；不容易被功利式的广告打动，但对真情付出的原创内容很有耐心。对于品牌来说，想在Z世代中保持影响力，就要充分发挥元宇宙中虚拟因素的作用，与Z世代建立有温度、有信任的强链接，而不是再用传统的营销模式来刻舟求剑。

10.1 元宇宙带来新的营销生态

2021年以来，元宇宙开始越发频繁地出现在大众的视野里，除了各种概念和技术的构想，就是各大品牌的元宇宙营销。

OPPO在发布第一款折叠屏手机Find N的同时发布了100份元宇宙奇旅数字藏品限定礼盒，并邀请虚拟偶像阿喜成为数字推荐官；天猫奢品联合博柏利（Burberry）、阿玛尼（Emporio Armani）、Gucci等奢侈品牌打造了首个奢侈品数字藏品艺术博物馆；奥利奥也推出了永不会过期的NFT数字饼干；麦当劳发布了首个NFT巨无霸魔方。

越来越多的品牌进军元宇宙，随之出现了一些新颖的营销玩法，例如，虚拟代言人、数字藏品、社交互动游戏、虚拟演出等，一个新的营销生态初现雏形。

1. 从叙述故事，到创造故事

传统的品牌营销，大多以品牌为中心叙述故事，引导消费者共情。然而，元宇宙营销则由创作者驱动，提供各种各样的内容和体验。

以Roblox为例，Roblox的定位是首个"工具 + 社区"的游戏UGC平台，为创作者提供自由生产内容的工具，为玩家提供游戏与社交的平台。在Roblox中，越多的创造者开发游戏和内容，玩家的沉浸时间就越长，就越能吸引新用户；而由于 UGC 激励系统，玩家越多就可能有越多开发者，以此形成了正向的飞轮效应。

在元宇宙中营销，消费者就像 Roblox 的玩家一样，既是玩家，也是开发者。因此，对于品牌来说，必须重新审视自己的定位，从以自我为中心讲故事，到与消费者一起创造故事，这样才能让品牌故事不断发展下去，在元宇宙中形成影响力。

2. 从活动直播，到虚拟演出

Lindsey McInerney 全球技术与创新主管 Anheuser-Busch InBev 曾表示，未来的体育、媒体、娱乐都会朝着虚拟的方向变化，目前，已经有 25 亿人参与到虚拟经济中。因此，品牌需要在虚拟世界中找到立足之地。

一直以来，对于各种活动，品牌想的都是通过赞助的方式触达消费者，扩大品牌影响力，例如，运动品牌赞助体育赛事，食品饮料公司买断活动现场的饮品提供权，银行利用门票预售权推广自己等，这些方式都是等着消费者发现品牌。

如今，除了现场活动，虚拟活动也成了各大品牌展示的舞台。例如，防弹少年团 BTS 将 AR 技术应用到演唱会中，举办了一场虚实结合的视听盛宴，创造了 4300 万美元的收入。有了 AR 技术，粉丝坐在家中就能挥舞荧光棒，和直播中的音乐进行互动。而赞助本次演出的品牌，不仅可以把自己的产品包装变成演唱会的门票，还可以将产品变成 NTF 资产，让购买产品的消费者在演唱会中解锁其他权益，彻底将品牌变成演唱会的一部分。

3. 从真人代言，到虚拟偶像

从如今虚拟偶像爆发的情况来看，虚拟偶像正在进一步丰富营销的形式。虚拟代言人优势明显，首先，其更节约成本，无须支付高额报酬；其次，不会有舆论风险，品牌对其人设形象、言行举止等是完全可控的；最后，它与品牌长期绑定，可以陪伴品牌共同成长。

虽然虚拟偶像看起来更便宜好用，但对品牌来说，培养一个虚拟偶像并不容易，需要持续的文化输出和个性统一。例如，虚拟偶像 Lil Miquela 在社交网站上受到许多人的欢迎，她就像真人网红一样，会分享自己的穿搭、社交、生活，逼真而又生动。而这些创作内容都是根据受众设计的，目的是让该形象可以应用到不同场景。毕竟面对市场上的同质化问题，仅靠外形，难免会让用户对虚拟偶像审美疲劳。

因此，虚拟偶像行业虽拥有一定前景，但竞争也非常激烈。品牌借虚拟偶像营销，不能只是单纯地追热点，而是要思考将更先进的技术结合到营销中，从而进行持续的流量转化。

4. 从面向消费者，到面向数字替身

在虚拟世界中有真实的存在感，这是元宇宙的一个关键要素。以虚拟形象 App Zepeto 为例，Zepeto 是韩国头部互联网企业 Naver 推出的虚拟形象 App，用户可根据个人喜好定制虚拟形象。在完成虚拟形象后，用户可选择背景、姿势拍照，分享到社交圈。从 2.6 版本开始，Zepeto 又加入了主题乐园功能，拓宽陌生人社交场景，从此，主题乐园逐渐扩充形成了世界栏目。

社交场景的拓宽，让 Zepeto 成为品牌营销新阵地。Naver Z 数据显示，Zepeto 的用户中有大量的年轻女性，年龄介于 13～24 岁之间，这个用户画像与众多时尚品牌高度重合，因此，Zepeto 吸引了超过 60 个知名品牌与 IP 入驻。

而在 Zepeto 中的营销有一个重要的转变，就是品牌要面对的不再是现实消费者，而是消费者及其数字替身，他们既具有人的属性，又具有虚拟交互的需求。对于品牌来说，把握这一点很重要，这意味着品牌不仅需要策划现实的消费者参与的活动，还需要策划虚拟角色参与的活动，以满足人们进行虚拟交互的需求。

虽然现在元宇宙营销仅停留在"雷声大，雨点小"的阶段，但其带来的变革趋势是肯定的，其中包括共享社交空间、数字支付、虚拟偶像等。相信，随着技术的进步，元宇宙将让更多的品牌实现进化，从而构建出更繁荣的营销新生态。

10.2 未来的植入式广告将无处不在

植入式广告想必大家都不会陌生，影视剧中的中插短片、活动现场的广告横幅等都属于植入式广告。就目前来看，植入式广告能植入的场景较少，而且常因为出戏、影响观感等被人们诟病。而元宇宙将为植入式广告提供更广阔的空间，可以说，未来在元宇宙，植入式广告将无处不在。

随着元宇宙的进一步发展，虚拟空间会越来越多。例如，《堡垒之夜》曾在游戏中放映电影，这种形式受到了很多玩家的欢迎。可见在不久的将来，虚拟世界也能放映预告片和广告。以电子游戏广告科技公司 Bidstack 为例，Bidstack 原本的业务是现实世界的户外广告投放，而现在其将该技术转移到了虚拟世界，在虚拟广告牌、虚拟场馆中投放广告赞助信息。

这些广告可以进一步拓展品牌发展的空间，让它们可以走出现实世界，在虚拟世界中拥有新的经济、货币、用户、消费环境。目前，已经有很多品牌尝试在元宇宙中植入广告，例如，Facebook 正在创建虚拟社区，为人们提供数字服装；SK-II 与广告公司 Huge 合作，创建虚拟 SK-II 城市，将用户运送到虚拟东京街道参观游玩；Netfpx 在 Roblox 上推出怪奇物语 Starcourt 购物中心的游戏化版本；华纳兄弟在 Roblox 上举办虚拟街区派对，庆祝林-曼努尔·米兰达的音乐剧《高地》的电影翻拍。

与现实世界相比，在元宇宙植入广告有四个独特的优势（如图 10-1 所示）。

01 更高的集成性　　02 更高的品牌自由度　　03 更灵活的营销形式　　04 更亲密的消费者关系

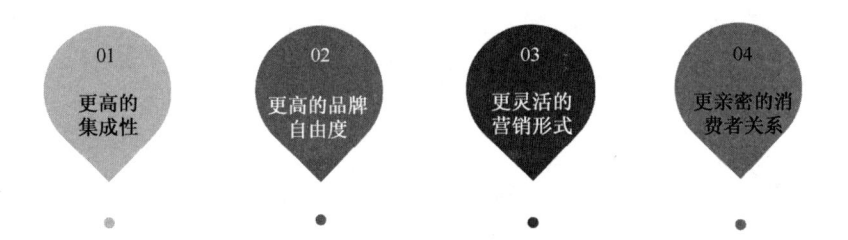

图 10-1　元宇宙植入广告的优势

1. 更高的集成性

与传统的广告植入的场景相比，在元宇宙中，品牌更容易和特定主题绑定，从而减少限制。例如，在现实世界中，将 Air Jordans 与篮球赛联系到一起很容易，但将其与汉堡王联系到一起就很难了。

而在元宇宙中，它们可以轻松地在一个特定的虚拟场景下联系到一起。

元宇宙更容易突破现实世界的限制，因此，在元宇宙中，不同品牌的合作成为可能。一些在现实世界中无法实现的营销场景，在元宇宙中可以轻易实现。

2. 更高的品牌自由度

在元宇宙中，品牌拥有了更高的自由度，可以为消费者创造出更新奇、有趣的体验。试想，在元宇宙中，品牌可以为消费者提供量身定制的体验、娱乐、购买机会，不受其他外部因素的限制。在这一品牌特定的营销场景内，消费者可以体验超凡的虚拟环境，获得个性化的互动体验。除此之外，品牌还可以实时根据趋势和客户需求的变化，充分发挥品牌创意，设计出新内容。

3. 更灵活的营销形式

游戏内广告平台 Anzu 副总裁娜塔莉亚·瓦西列娃曾表示，将游戏作为营销生态系统是每个营销人员的梦想。在元宇宙中，开放性和灵活性几乎让每个营销人员都可以找到品牌植入的机会。从广告牌到互动视频，品牌在元宇宙中以更加灵活的方式与消费者沟通。

4. 更亲密的消费者关系

在元宇宙中，品牌和消费者的关系不仅围绕产品展开，还因为品牌和虚拟形象的互动，让消费者和品牌逐渐具备了伙伴关系。这种消费关系的转变也为品牌创造了新的收入来源。以奢侈品牌为例，许多奢侈品牌出售的数字商品收入在品牌收入中占近一半的比例，有非常多的消费者希望能够在元宇宙中拥有一个奢侈品皮肤来彰显形象。

10.3 用户定位：从现实用户到数字替身

如何在元宇宙中做营销？首先，我们要明确在元宇宙中的用户定位。在现实世界中，品牌营销关注的是圈层人群、用户画像和行为兴趣，一般品牌会用消费者生命周期模型来锚定潜在用户，在消费者购买过程中的关键节点添加标签，并将潜在用户分组，以此来进行看似个性化实则千人百面的内容推送。

然而，在元宇宙中，用户数据并不会像今天这样容易获取。首先，去中心化的管理机制会让数据的所有权和使用权重新回到用户手中；其次，区块链技术会让用户数据成为元宇宙的货币，而品牌获取数据就需要为其付费。

即使品牌最终获取了用户授权，还需要进一步分析现实用户和其数字替身的区别。元宇宙中的数字替身与现实用户的人设并不完全相同，它可能是现实用户的增强版或现实用户某种想法的投射。例如，在某虚拟游戏中打扮时尚的女性角色，在现实世界中可能是一个油腻中年大叔。

对此，品牌除了要按传统的方式分析现实用户，还要进行面向数字替身的营销，即 Direct-to-Avatar（D2A）。

阿迪达斯前数字创新负责人 Ryan Mullins 创建的 Aglet 就是一种面向数字替身的营销模式。在 Aglet 中，玩家可自行选择虚拟穿戴，为数字替身换上 Air Force 1s 运动鞋、Yeezy 运动鞋。除此之外，玩家还可以用这些虚拟穿戴赚取通证，穿戴越贵或越稀有，通证补偿就越高。Aglet 的目标是通过这个平台为现实中的品牌创造一个沉浸式的广告平台，由此促进品牌占领现实用户的心智。

Aglet 的尝试还只是面向数字替身营销的初级探索，但这种模式已经开了一个好头，因为这与其他品牌寻找虚拟偶像做代言人及在游戏中植入广告相比，更加沉浸，与用户的联系也更加密切。

但是这种只把品牌当作道具的模式并不是好模式，因为品牌还只是在元宇宙中贴标，并没有完成真正的虚拟化转型。想要解决这个问题，面向数字替身的品牌营销还需要经历两个重要的发展阶段。

第一阶段是品牌元宇宙赋能。在这一阶段，品牌借助 NFT 和各大平台，向数字替身提供奖励或产品，解决数字替身的衣食住行问题，满足用户个性表达的需求。这时，品牌不再只是一个符号，而是表达价值和个性的载体。因此，赋能元宇宙的内容和创意，是这一阶段品牌的重要任务。

第二阶段是品牌的数字替身参与元宇宙的共建，变成元宇宙的一部分。在这一阶段，品牌数字替身要参与元宇宙的建设，并且将产品、服务、品牌价值虚拟化，彻底完成品牌的虚拟化转型。

经过这两个阶段的进化后，品牌才能完成转型，实现从面向现实用户转向面向数字替身的营销。

10.4　产品设计：从实物商品到数字商品

在元宇宙中也有着衣食住行的需求，所以产品在元宇宙中同样重要。例如，你在元宇宙中，可能会希望为自己的数字替身挑选一身更漂亮、更有个性的皮肤，可能会希望将自己的虚拟房产做一些现实世界无法实现的改装等。元宇宙不仅延伸了感官，而且放大了自我。在现实世界中，人们或许要忍受种种无奈，但在元宇宙中人们完全可以活出更精彩的人生，所以他们需要更多、更独特的数字商品来满足需求。

这一点也解释了为什么时尚品牌在元宇宙中如此受欢迎。Dolce &Gabbana 通过数字艺术品平台 UNXD 拍卖虚拟服装 NFT，获得了 565 万美元的销售额；Rebecca Minkoff 在雅虎 XR 平台上设计的 400 件 NFT 服装，在 10 分钟内被抢购一空。

面对如此庞大的潜在市场规模，很多品牌都已经跃跃欲试。但数字商品的营销与实物商品并不完全相同，其中定价就是一个非常重要的问题。定价高了，容易让消费者望而却步，定价低了，容易造成亏损。那么，在营销过程中，我们该如何把握数字商品的定价呢？

1. 数字商品上架对销售平台的成本影响

传统商品和数字商品有很大的不同。企业生产的每一件传统商品都是有成本核算的，包括制造成本和储存成本等，在销量增加或者产量增加的同时，成本也会随之变化。正因如此，实物商品的销售平台会提前选品，避免采购比较冷门的商品，因为它们的销量没有什么保障，很可能造成货物积压，导致损失。

而数字商品销售平台就不用考虑这么多。只要质量过关，就可以在平台上线，最多只是损失一个展位的资源而已。以腾讯课堂上的课程产品为例，一个课程不管是出售了 1000 份，还是无人问津，需要投入的资源都是一样的，即课程开发费用及平台展示位的费用。另外，数字交易平台能够很容易地完成商品排序，这样，不热卖的商品几乎不会影响热卖的商品的曝光量。因此，数字商品的上架对销售平台的成本影响是比较小的。

2. 数字商品对厂商的成本影响

数字商品的生产一般都是一次投入，后期逐渐收回成本。例如，腾讯课堂上开发的课程，在上架时，教育机构已经付出了开发成本，需要通过后期多卖课程来收回成本，实现盈利。也就是说，数字商品很难根据市场的反应进行调整，无论软件还是课程，只有先投入才能有产出，投入是确定的，而产出是未知的。

以游戏行业为例，现在一些比较受欢迎的游戏大作其开发和宣传成本可能需要 1 亿美元以上，但企业在投入这些成本时，对游戏市场的表现是一无所知的。只有游戏真正投放到市场后，才能知道该游戏的受欢迎程度。这可以说是一次赌博，因接连开发失败而导致破产的企业比比皆是，连续几次的千万级亏损，不仅会抽空企业的资金，还会让投资人及合伙人对游戏开发失去信心，最终导致企业走向末路。因此，数字商品对厂商的成本影响比较大。

3. 无后期成本是否可以无限低价

虽然数字商品的前期投资有赌的成分，但产品一旦开发出来，操作起来比实物产品简单得多，不用考虑复杂的成本计算问题。对于数字商品而言，一旦开发完成，每件商品的成本可以记为 0。一件商品定价 100 元售出 100 件和一件商品定价 10 元售出 1000 件对厂商的盈利影响是很小的。

这一点与实物商品区别很大。实物商品如果将定价变为原价的十分之一，肯定是亏本的，销量增加也只能让亏损进一步扩大，厂商只能通过直接报废这批商品来挽回降低价格的损失。

那么，这是否意味着，我们可以一味降低数字商品的销售价格呢？虽然数字商品是有成本的，但一旦完成生产，后续获取的几乎是纯利润。根据收入=价格×销量，可以推断只要价格和销量的乘积扩大，厂商就是盈利的，那么厂商完全可以通过控制价格来追求更高的收益。

另外，数字商品的保值期一般很长，而且不需要高昂的储存费用。例如，Axure 8.0 的视频教程会持续有多年需求，直到 8.0 版本被彻底淘汰可能才会让这些视频教程失去市场。因此，对于数字商品来说，即使销量很差，也没有必要像牛奶一样毁掉产品。毕竟数字商品的销售成本很低，摧毁产品没有任何意义。厂商在考虑降价策略时，只需要权衡降低价格带来的影响即可。一般来说，降价的影响可能有如下几点。

（1）增加销量：降低价格可能会让原本购买意愿不强的用户购买该商品。

（2）增加收入：收益是价格和销量的乘积，虽然我们不一定能找到最合适的定价，但在销量很低的情况下降低价格很有可能增加销量，进而增加收入。

（3）增强竞争力：数字商品与实物商品不同，在内容相同的情况下，质量不会存在太大差别，而用户只会买一份，所以商品价格低很可能把其他人的用户抢过来，进而得到更多的关注。例如，很多数字商品做前期推广的时候，就会将价格压得极低，甚至让用户免费体验。但这样故意用低价竞争是一种破坏市场生态的行为，虽然可能会让一家平台短期内获利，但会导致行业总收入减少，所以要想让行业长期存在下去，还是要避免用极低的价格竞争，可以适当低于市场平均价格，或借助活动做短期低价促销。

数字商品营销需要有区别于实物商品的思维，其研发成本高，后续销售、储存成本低，但也不能一味定低价，走薄利多销的路子，还要结合市场平均价格和用户定位、品牌定位来定价，避免破坏市场规则，影响行业的整体发展。

10.5　场景搭建：从线下场地到虚拟空间

在元宇宙时代，如今我们熟悉的场景，如线上商城和线下商场可能会逐渐趋于平淡，最终走向消亡，而取而代之的可能是更具科幻感的虚拟空间。例如，Gucci 的创意总监 Alessandro Michele 把秀场搬上了 Roblox。玩家可以以虚拟人身份，在 Gucci 的虚拟画廊里闲逛，可以看广告片，也可以变身模特，穿上服装，拍摄虚拟照片，还可以用 475 个 Robux 购买限量版虚拟商品。

除了公域的场景，品牌私域的场景也将发生变化，因为元宇宙是去中心化的，而私域与去中心化的逻辑背道而驰。

元宇宙并不是由彼此隔绝的虚拟平台组成的，而是一个全球互联互通的超级平台。例如，《堡垒之夜》演出的数字替身需要被划分成几个小组，而现在 Surreal 的虚拟演出就可以把 5 万人同时放进一个虚拟场景里。

随着时间的推移，营销场景会进一步升级，用户的"带入感"会有新的要求。如何在新的场景塑造不同的品牌形象与感受，是未来营销行业共同面临的课题。对此，我们要将营销内容与营销场景深度融合，通过分析用户的行为习惯和场景化互动有效吸引用户，让用户与品牌的联系变得更加密切。

1. 策略引导，咨询为先

优质的营销体验离不开事前的针对性分析，品牌要针对每一个用户的需求点，进行细致分析，从行业、品牌、用户、场景、行为等不同维度，多角度挖掘核心需求，并根据品牌的特性与互动需要打造营销创意，同时为目标用户提供最契合的场景与服务，确保营销方案的有效性。

2. 技术驱动，需求解决

品牌要始终奉行技术驱动营销，无论标准化的管理模块还是个性化需求，品牌均要利用技术与营销的深度结合，以最短路径影响目标用户。

3. 硬件创新，优化体验

元宇宙的发展会让更多的新技术应用到硬件设计中，包括RFID卡、智能手环、360°3D合影互动、交互式大屏幕等，这些硬件的创新，可以打造更逼真的场景，让营销活动带给用户更新奇的体验。

4. 数据回收，放眼未来

数据的重要性如今已经不言而喻，抓住更多关键数据是提升营销转化效果的关键。品牌的营销活动应一切以数据为出发点，重视用户各方面的访问数据，以便后期做营销优化，为品牌实现更高效、精准的大数据交互与传播。

10.6 品牌如何在虚拟世界找到立足之地

为了能在元宇宙这个虚拟的、去中心化的新营销生态中取得成功，品牌需要采用新战略来迎接未来，对此，需要做到以下几点，如图 10-2 所示。

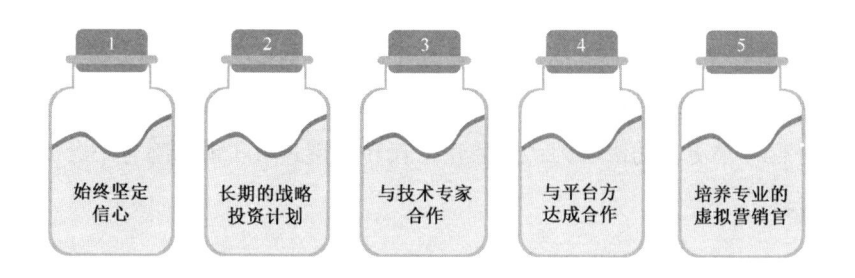

图 10-2 品牌如何在虚拟世界找到立足之地

1. 始终坚定信心

目前元宇宙尚且只是一个萌芽，需要很长一段时间的发展过程。然而发展并不是一帆风顺的，有高潮也会有低谷。这需要品牌坚定信心，始终把虚拟世界当作品牌发展的新战场，规划在元宇宙营销的长期策略，而短期尝试在元宇宙中是很难起到作用的。

2. 长期的战略投资计划

元宇宙的成功可能来自风投部门、创新部门或营销部门，进入元宇宙不是企业某一个部门的目标，而应是企业上下长期的战略计划。

3. 与技术专家合作

在元宇宙中，技术人员将成为新创意领导者。因此，品牌要学会与技术专家合作，多听取他们的意见，而不是只把他们当作技术的供应者。未来，在元宇宙中，企业的营销官可能也需要精通技术和开发，而各部门之间也不再存在壁垒。

4. 与平台方达成合作

如今，品牌与平台合作已经成为一种较为常见的营销模式，例如，Gucci 与 Genies 的合作就体现了这一模式。因此，品牌应将平台和创作者看作命运共同体，平台为品牌提供技术和用户，品牌为平台带来更大的影响力，这种互惠互利的模式将实现品牌与平台的双赢。

5. 培养专业的虚拟营销官

目前大部分数字营销人员熟悉的都是现有互联网环境的营销模式，对于去中心化、自由开放、创造力强的元宇宙环境的营销模式尚没有准备。因此，品牌需要培养专业的虚拟营销官，为元宇宙营销服务。

10.7 路易威登：如何征服元宇宙互动形式

老牌奢侈品品牌路易威登也开始尝试利用元宇宙进行营销。

2021年8月4日，是路易威登品牌创始人诞辰200周年的纪念日。为此，路易威登举办了"Louis 200"主题庆祝活动，内容形式丰富多样，包括游戏、纪录片、小说、艺术品等。

路易威登最先推出了游戏 Louis：The Game，需要玩家操纵LV经典玩偶到巴黎、伦敦、北京、东京等地，寻找200张象征品牌历史里程碑的明信片，如图10-3所示。

图10-3 Louis：The Game

玩家进入 Louis：The Game 后可以选择两种游戏模式，分别是剧情模式和计时赛模式。新手玩家需要先进入剧情模式，熟悉游戏操作。然后通过操作游戏主人公（Vivienne），来收集蜡烛，解锁不同的明信片、配饰，进入到下一张地图。点击主人公 Vivienne，玩家可以查看已收集到的明信片，明信片共有200张，每张明信片都讲述了一段关于品牌的小故事。

如图10-4所示的是游戏中隐藏的黄金明信片，玩家可以用它参与路易威登旗下的 MetaMask 钱包的抽奖活动，有机会获得实物或现金奖励，这一机制极大地增强了游戏的互动性。

图 10-4 黄金明信片

当玩家熟悉了剧情模式后，还可以尝试计时赛模式。在这个模式中，玩家需要在最短的时间内收集地图中所有的蜡烛就可以达成成就。

Louis: The Game 是一款为了纪念路易威登品牌创始人而设计的手游，目的是让玩家在游戏中了解品牌的发展历史。这是一个非常新颖的营销模式，拥有极强的互动性和体验感，可以在潜移默化中向玩家传输品牌知识。

第11章 元宇宙投资展望：未来渐明，元宇宙将大有可为

元宇宙概念的出现意味着一个大有可为的时代正在信步而来，在风险与机遇共存的时空中，必然存在大量的创业和投资机会，值得关注和尝试。本章将对元宇宙概念做整体的投资展望，以供投资人指正，供创业者参考。时代的变革需要大量的发明、贡献、经济政治趋势等的协同，并能因此形成自循环的迭代，历经技术变革、工业变革、终极形态，逐步走向成熟模式，元宇宙亦是如此。除去技术层面的因素，我们认为，投资是一种修行，创业亦如此。基于元宇宙的投资和创业，其本质是基于未来的投资和决策，需要在不确定中找到确定性，而财富的积累需要努力、契机和正确的方法，有一个科学和系统的路径可循。

11.1 元宇宙产业机遇极大，将呈渐进式发展

20世纪90年代，PC是大众主流的上网方式，人们需要拉电话线、购买上网卡才能实现拨号上网，网速极慢，图片与视频的上传速度令人发指。但就算如此，2G的科技创新在当时也是跨时代的里程碑。

时过境迁，3G和4G于悄无声息间融入了大众的生活。随着中国移动推出TD-SCDMA网络，在十个城市试点并应用于2008年北京奥运会，3G时代由此拉开帷幕。3G时代标志着我国网络信息时代真正来临，这期间，众多企业大放异彩，为广大人民群众留下了属于那个时代不可磨灭的烙印。

但经历过3G时代的人都会发出感慨：通讯商套餐里的流量并不可观，额外流量收费较贵，并且浏览速度不如人意。人们迫切地希望出现网速快、流量多、收费低的新局面。

此时，4G带着WLAN星夜兼程地赶来。4G技术创新带来网速的成倍提升，在很大程度上满足了网络信息时代对速度的需求，从而为网络信息时代的崛起铺平道路。

时至今日，由于5G商业化应用范围越来越广，6G新技术时代的到来，AI、AR、区块链、云服务、大数据等多种技术的成熟和创新迭代已经足以支撑起元宇宙概念的呈现和初步实现。现实技术的

成熟是元宇宙生长的培养基，互联网发展的下一阶段究竟会是何种形态我们暂且无法精确判断，但我们可以预见的是，在不远的将来，元宇宙必将成为下一个时代特征，为后人所津津乐道。

元宇宙作为一个集大成的概念，能够以平台的存在形式承载包括区块链、人工智能、物联网、大数据等多种前沿科技，这样的平台存在形式有且只有元宇宙能够做到。在元宇宙中，人们可以通过VR或AR等方式进入虚拟世界，在虚拟世界中拥有自己的身份、社交，甚至通过购买虚拟房产、虚拟艺术品、虚拟凭证等方式构建一套完整的经济制度。而作为元宇宙支撑的前沿科技技术，其本身也在渐进式的发展之中，并伴随着大量的投资和创业机会涌现。

1. 人工智能领域

很多人对游戏中的NPC都不陌生，其作为玩家任务的交接者，通常只会翻来覆去地说设定好的台词，这样非沉浸式的体验对于元宇宙来说无疑是不合格的。人们都希望在元宇宙中获得更好的体验感，这就要求元宇宙中的NPC拥有更进一步的智慧与感情。

人工智能的重要性不言而喻，那么，这个行业发展现状究竟如何？

人工智能企业不赚钱似乎已经不是一天两天的事了，前景很好但"钱"景不好是人工智能行业长久的病症。以国内较为知名的"AI四小龙"为例，商汤科技、旷视科技、依图科技、云从科技四家科技公司的业务几乎涵盖了人工智能领域的各个方面，占据了AI市场的半壁江山。

其中，商汤科技主营智能身份认证、智慧城市等业务；旷视科技主营个人物联网、城市物联网等业务；依图科技主营智能公共服务、智能商业等业务；云从科技主营智慧金融、智慧出行。这四家企业牢牢占据着国内 AI 市场的前四把交椅，在零售、出行、金融、医疗等诸多领域实现技术落地，但收入却并不乐观。

这其中的原因，仁者见仁，智者见智，但不可否认的是，人工智能技术的发展尚处于机器智能阶段，而其应用领域低层次的沉浸体验是不争的事实。元宇宙概念的出现是否会为持续亏损的人工智能企业带来生机，摆脱技术不成熟、应用不到位、效益不够好的困境，并找到更为务实的切入点，获得资本的支持，这是创业者需要认真考虑的问题，并需要结合自己的能力进行创业方向的思考和探索。

2. 以 AR 和 VR 为代表的虚拟现实技术

元宇宙有望打破物质世界与虚拟世界的壁垒，人们通过以 AR、VR 为代表的虚拟现实技术获得多感官交互的生活体验。对于游戏、购物、艺术等视觉占据主要体验方式的领域而言，是一次不可多得的机会。

以购物为例，在电商还没有兴起的时期，人们买衣服需要去线下门店逛几个小时，优点是衣服上身效果好不好一看便知，弊端是时间成本太高，选择余地不足，很难买到自己心仪的款式。随着电商时代的来临，人们足不出户便可以购买到自己心仪的衣服，弊端也随之而来，买家秀与卖家秀差距明显，很多人在衣服上身后才感觉不适合自己，只能选择忍耐或是退货。

但在元宇宙时代，以 AR 和 VR 为代表的虚拟现实技术将帮助各行业解决以上问题。对于电商行业而言，虚拟现实技术在展示商品方面实现了革命性的创新，其可以颠覆商品传统的二维展示模式，对商品进行多维度的展示，细致地展示产品优势，让商品摆脱同质化竞争，迅速抓住消费者的注意力，为用户带来全新的沉浸式购物体验，提高用户的购买欲望。

我们认为，VR 和 AR 领域有大量的技术研发和应用值得投资人和创业者高度关注。其中，VR 技术的跨平台（手机、PC 等）和多人联动，以及软硬件集成开发，都存在大量的创业机会。以硬件为例，实现分辨率、刷新率、角分辨率（PPD）的提高以增强沉浸感，具有强劲的市场需求。AR 技术则是元宇宙交互的关键，Micro LED、光栅波导、实时高精定位、手势识别等领域的发展则是加快 AR 应用的核心支撑和方向。

3. 游戏和社交领域

游戏之所以被称为离元宇宙最近的概念，是因为其已经具备了虚拟身份、社交、全新经济制度等特点，但目前的科技水平还受限于多维感官传感技术不成熟等情况。未来，元宇宙游戏将凭借更加成熟的场景渲染及动作捕捉、运动传感器等技术增加用户的沉浸感，为用户带来更丰富的游戏体验。

而社交场景的构建，也是元宇宙现阶段最为成熟和精彩的领域。多元社交场景和角色的设计，现实和虚拟人格的共生和分离，多维时空中的社交关系和人机共生机制，都具有无穷的发展空间。以 Soul 为例，其共情、共建、共享、共生的社交元宇宙体系，衍生出了以 3D 捏脸师为代表的平台创造经济，虚拟人＋3D Avatar＋运营的共享服务经济，虚拟道具＋Giftmoji＋SSR 达人的商业模式，为社交元宇宙开辟了崭新的发展模式。

同时，元宇宙并不局限于当下已经小有成色的领域，未来还会有更多领域被细分，特别是在与传统行业结合，构建新的虚拟场景中，新产业、新服务、新方式都将出现，逆水行舟，不进则退。非常多的知名企业都在积极参与到元宇宙的建设中，从而带动很多下游企业一同入场。对于很多中小企业创业者来说，元宇宙为领域细分带来了充足的动力，是一个崭新的蓝海市场。

4. 区块链领域

如果说过往的互联网概念是以现实为基底的，探讨如何在二维空间内解决人类生活与经济问题，那么未来的元宇宙概念则是以新世界为基底的，使用多维度的思考模式与解决方案勾画未来世界的蓝图。

元宇宙宣扬个人创造的价值，放大了每个人在平台中的作用，即人人都是股东的概念。元宇宙使用 NFT 作为价值标志物，也意味着其选择了 TO C 作为方向的区块链路径，目标用户群体十分巨大，发展前景未来可期。

上文中提到的几个领域其实只是元宇宙概念中很小的一部分，其核心在于 UGC 平台，能够为创业者带来无穷的内容与商机。当诸多科技达到元宇宙发芽的条件时，元宇宙的成长空间会是现在的百倍、千倍。因此我们不难看出，元宇宙绝不仅靠某一家甚至某几家巨头参与搭建，其是一个全社会乃至于地球人共同参与的庞大概念，这样的元宇宙才能真正代表新时代。

同时，元宇宙创业的技术领域依然蕴含着大量的创业和投资机会，值得关注和思考，如底层技术（光电芯片领域、5G 和 6G 通信领域、VR/AR 可视化等），相关软件技术（3D 引擎、全息显示等），媒介载体（边缘计算、物联网等）、内容创作（数字资产等）、终端应用（游戏产业、社交媒体、办公教育等），产业链中高端智能制造、高精度地图……其中，应用场景的选择是商业化的关键，流量的实现和变现是关键中的关键。

无尽的商机必然有巨大的风险，冷静思考，认真谋划才是王道，而不是跟风投资和创业。跟风的背后逻辑往往并不是真的看到了元宇宙的价值，而是抱有"宁错过不放过"的 FOMO 心态（Fear of Missing Out，错失恐惧症），但这种心态绝不利于创业者和创业项目的成长。

每一位希望在元宇宙领域大展拳脚的创业者都需要厘清思维脉络，找到属于自己的投资方向和战略。所以通过阅读本书截至目前大部分内容后，大家不妨扪心自问：有哪些信息对你真正产生了影响？你是否想好了自己将从哪方面着手？如何入手？风险在哪里？只有想清楚这些问题，才能拿出确实可行的商业计划，找到真正属于自己的元宇宙创业之路。

11.2 元宇宙概念股飞涨，鱼龙混杂，真假难辨

一个过于超前的概念被大众过早地熟知很容易造成信息不对称，信息不对称是众多商业开始经营的基础，也是掌握信息较多一方获取利润的途径。所以为了避免不对称的情况，创业者应当审慎选择股票，深思熟虑后再交易。元宇宙是一个广义且复杂的概念，与许多行业都有交叉点，应用领域广阔，一定程度上受到资金的追捧。

受到国外行业巨头的影响，自 2011 年 11 月开始，具有元宇宙概念的 A 股上市公司大多交投活跃，呈现板块集体上涨的趋势。根据统计，截至 2011 年 1 月中旬，A 股上市公司约 120 家，分布在 27 个行业，其中绝大部分都有上涨，部分股票了出现短期上涨过快，市场过热的情况。

总体来说，元宇宙概念股可以大体分为技术设备和内容提供两大板块，各有特点。本节将从与元宇宙相关的领域入手，列出一些与元宇宙发展相关的有代表性的概念股。在此笔者声明，仅根据公开资料和行业分析进行介绍，不提供任何投资建议。另外需要投资者注意的是，股市有风险，投资需谨慎。

1. 技术设备

（1）盛天网络。企业通过钻研元宇宙相关知识，已经着手开展相关项目的立项与准备工作。企业选择线下作为元宇宙概念落地途径，目前已与多家 VR 设备厂商达成合作，计划建造线下精品网吧，开辟元宇宙体验专区。

（2）万兴科技。企业主攻 VR 等虚拟现实设备，并投资了数家交互式 3D 云平台、音视频云生产协同平台，以提高本企业在元宇宙领域的竞争力与市场占有率。

（3）歌尔股份。企业长期从事 VR、AR 相关业务，相关领域市场占有率已超 70%，为索尼、Meta 等国内外多家知名企业提供服务。

2. 游戏领域

游戏领域包括中青宝、顺网科技、吉比特、三七互娱、世纪华通、完美世界等。

（1）完美世界

多年来，公司在多人在线角色扮演类游戏形成的竞争优势、深厚的在线娱乐内容产出能力、引擎、VR、AR、AI等领域扎实的技术积累，以及深刻的用户认知，都为其在元宇宙等下一代娱乐方式的突破构筑了很好的先发优势。

（2）中青宝

2021年9月6日，公司发文称将推出虚拟与现实联动的元宇宙游戏《酿酒大师》。该游戏是中青宝试水元宇宙的第一部作品，用户可以在线上酿酒，随后在线下亲手拿到自己酿的酒。在发布消息后，中青宝凭借白酒与元宇宙两大热门概念的助推，实现股价大幅上涨。

（3）世纪华通

世纪华通自主研发了元宇宙游戏 LiveTopia，该游戏自2021年4月28日上线以来，用不到五个月的时间实现月活跃用户超4000万人，最高日活突破500万人，在 Roblox 平台上的用户数超过一亿人。LiveTopia 成为国内排名第一的元宇宙游戏。

3. NFT领域

以博瑞传播、弘业股份、华媒控股、安妮股份为代表的NFT领域热度居高不下，其中，博瑞传播旗下公司发布了全国首家数字文化产权交易平台。

本文所提到的观点仅代表个人意见，所涉及标的不进行推荐，据此买卖，风险自负。

11.3　IaaS 板块营收稳健增长，云游戏成为新发展机遇

IaaS 意为基础设施即服务，由服务器、网络设备、存储磁盘等物理资产组成。用户在使用时并不需要实际控制底层基础架构，而是通过控制操作系统、存储和部署应用程序等方式实现网络组件的选择。

由于传统游戏体量很大，用户在开始游戏之前需要花费大量时间进行下载与安装，使得玩家对游戏的兴趣骤减。以手机游戏《原神》为例，对此有了解的人可能知道，其手机端 App 内存精简后依然高达 16GB，PC 端版本已超 40GB。并且无论手机端还是 PC 端，机器配置要求都比较高，否则很容易出现发热及掉帧情况，十分影响游戏体验。

而《云·原神》的推出，为众多内存不够的用户带来了解决方法。其凭借无须下载游戏、平台数据互通等优势，一经推出便受到大量用户的喜爱。因为云游戏实质上通过服务器进行远程操作，用户无须再配置高配置显卡及处理器，便可直接在手机端收获高画质、高帧率的游戏体验。

那么这种云服务器为什么如此神奇，能够轻松解决问题？

《原神》的云服务器支持方为国内的阿里云，其还为支付宝等常

用App提供数据库支持。在阿里云的技术支持下，游戏不再需要担心炸服、黑客恶意攻击等，从而可以专心为用户带来更佳的游戏体验。云服务器是我国技术不断创新的产物，同时云服务器不仅供给游戏，还为大量我们耳熟能详的App提供服务，游戏只是其很小一部分用途。

放眼国内，大到各种技术工程，小到个人服务器需求，到处都有阿里云的身影。不仅如此，2022北京冬奥会中也有阿里云的身影，阿里云服务器为北京冬奥会提供了核心的赛事成绩、赛事信息等全球转播服务，让全世界共同目睹北京冬奥的风采。

1. 优化用户体验

作为5G时代的产物，云游戏对网速的要求普遍较高，游戏流畅地运行需要消耗高额的流量。云游戏在网络稳定的前提下，能够为很多手机配置较低的用户提供更好的游戏体验。同时，云服务器的高防特点在面对恶意的DDoS攻击（分布式拒绝服务攻击）时，其安全系数会高于以往。

2. 提高游戏画质

无论手机端还是PC端，如果你想要体验最高等级的画质，就必须拥有相对顶级的配置支持。如果你的手机配置较差，那么游戏体验一定不会太好。此时你不妨选择用云游戏来解决问题，云服务器会直接选择顶级配置，并且无论手机与PC的配置有多差，都可以获得优质的游戏体验，为游戏带来更多可能性。

3. 解放设备内存

云游戏的内存普遍很低，往往只有几十M，同时游戏的载入速度远快于手机端，轻松摆脱手机反复提醒内存不足或因手机内存不足而导致的手机卡顿的困境。当下，越来越多的游戏选择用云服务器作为载体，以面向更多用户提供服务。

11.4 头戴式 VR 的需求爆发

元宇宙概念最为显著的特点之一，便是通过虚拟现实设备对视觉进行赋能，实现"视觉互联网+"。《头号玩家》带火了虚拟现实概念，同时也给全球市场带来一个重要信号：以 AR/VR 技术为核心的人机交互设备将成为接下来的热门发展领域。

1. 结合 5G 技术，降低商品定价

Oculus Rift 在上市之初定价为 798 美元，其昂贵的定价让很多有意向的消费者望而却步。也因定价昂贵，Oculus Rift 在 2017 年 Q1 仅占全球 VR 设备销量市场份额的 4.4%，销量仅为 9.93 万台，远远没有摊平研发的成本。

企业发现了弊病，开始思考在薄利多销与贵精不贵多之间如何进行权衡，最终决定让 Oculus Rift 多轮降价，并永久性定价为 399 美元，因此获取了大量新增用户。

2017 年 Q3，Oculus Rift 降价为 STEAM VR 带来了近十万名新用户，活跃用户达到历史新高。因价格下调，Oculus Rift 在全球 VR 设备市场份额超 20%，销量超 20 万台，超过了当时的竞争对手 HTC Vive 的销量。

VR 设备价格居高不下的原因在于设备渲染性能、传输速度要求较高，而 5G+云 VR 技术的出现及推广轻松解决了以上问题，大大降低了设备价格，性价比大大提升，吸引更多人购买。

2. 专业级市场消费

鉴于 VR 沉浸式与交互式的优点，其在远程医疗与虚拟医疗培训中表现良好。因为现实医疗实验存在很多不便之处，VR 能够让学生与虚拟世界多维互动，从而获得更多医学知识。

3. 内容资源拓展

基于 VR 技术的内容市场还远未达到饱和，很多企业都在期待使用 VR 进一步开拓市场，满足不同用户的多元化需求。

元宇宙浪潮袭来，头戴式 VR 设备销量一夜激增，哪怕对此毫无了解的大众都尝试通过 VR、AR、MR 等设备对虚拟世界进行初体验，但虚拟现实设备其实还有很长一段的发展之路。当下的虚拟现实设备只能在一定程度上将虚拟世界展示给用户，而不是将用户送到虚拟世界中去，存在沉浸感不足的弊病。

除了视觉与听觉，味觉、嗅觉、触觉等感官都是让人类感到真实的关键。虚拟现实设备如何突破技术壁垒，解决以上问题是创业者需要思考的问题。

11.5 去中心化 ID 将为新一代身份系统赋能

去中心化 ID 是什么？和当下我们每个人都有的身份证有何区

别？现实生活中我们都有身份证，身份证就是我们现实世界的 ID。但用户数据泄露等问题频频发生，大量 DApp 的出现有望解决当下的问题，为用户提供去中心化 ID，更好地保护个人信息及财产安全。

DID（Decentralized ID）是一个由用户控制的身份中心，其具备安全性、隐私权、可移植性等多种特点。用户可以自由选择初始身份的时机、对象及情景。同时，DID 还可以用来查找关联的 DID 文档，并使用 DID 文档的相关信息登录、加密数据、通信等。

在现实中，身份对于大众正常的日常生活必不可少，买机票需要出示身份证，驾驶汽车需要驾照，毕业需要毕业证书。总而言之，身份作为一种证明起到至关重要的佐证作用，DID 作为虚拟身份证，同样具备该特性，我们用其能够在虚拟网络中证明自己的身份。

插画家 Derek Laufman 的作品曾在未经他人许可的情况下被人在 NFT 平台上进行拍卖，这样的行为屡见不鲜。此时，DID 的出现将为新一代身份系统赋能，其可以对 NFT 艺术品进行可追溯源头的签名，从而证明该件物品为私人所创造。这样的行为就像在物品上打上了只属于自己的记号，这样即使在买卖时，双方也可以证明物品的出处，避免侵权行为。

在万物互联背景下，DID 将不仅是身份，还可以是 DApp，甚至是物联网设备。人们不再担心身份信息泄露等问题，也不必担心别人冒用自己的身份，基于 DID 与 Carrier 的互联网平台将为用户提供安全的环境。

11.6 UGC 持续展现红利

人人创造概念，才能将文化反哺于大众。社交关系沉淀已久的 UGC 平台是元宇宙概念产生并传播的重要沃土。长久以来，用户依赖社区为自己提供服务，期待社区能够为自己提供一些东西，而不是自己能为社区贡献什么。凡事都有动机，创业者需要思考用户为什么要为 UGC 平台持续创作内容，也就是创作动力从何来。

首先是精神激励。无论有意识还是潜意识，世界上多数人都会寻求其他人的认同，得到他人的支持，确保自己在精神上不处于孤立状态。以知乎为例，一旦你认为该回答具备价值，可以选择点击"赞同"来表示对其的肯定，或者对回答进行评论。当点击赞同的人多了之后，该条回复便会上热门，让更多人看到。

其次是物质激励。一个人的回答经常上热门，从而积累了一定数量的粉丝，平台可以用一定的物质激励对其进行奖励，从而提高创作积极性，增强用户黏性。

UGC 平台依靠消费浪潮，为众多品牌的传播提供了渠道支持，一种新的商业模式逐渐形成。但 UGC 内容存在同质化较高的弊端，且平台之间可替代性较强，用户的选择具备很强的不确定性。各大 OGC 平台需要思考的下一个问题便是如何让自己脱颖而出，建立内容壁垒。

虽然传统电商在商品品类丰富程度上存在较大优势，但 UGC 平台与电商进行合作，通过 KOL（Key Opinion Leader，意见领袖）的领导，对用户进行消费方面的引导，从而达到引流与变现的结果。鉴于 KOL 带来的影响，后者在高净值产品销售额方面存在非常大的优势。

UGC 拥有这么丰富的内容红利，如何建立 UGC 平台必然成为众多创业者思考的问题。

1. 用户分级

只有对用户进行分级，才能区分出 KOL 与普通人的不同。KOL 将作为内容创作的风向标，对事物发展起着领导作用，也为其他用户提供创作的动力。

2. 建立制度

UGC 平台鼓励用户创作什么内容？禁止用户创作什么内容？内容的筛选与审核机制如何建立？好的内容如何及时推流，坏的内容如何及时封禁？找到这些问题的答案是保证社区正常运营的根本，需要得到重视。

3. 用户激励体系的建立

（1）活动

平台可以定期举办活动，激励用户持续产出内容，奖励可以是推流机会也可以是现金，需要对用户有一定的吸引力。

（2）用户等级

有目标才有奔跑的动力，获得满足感是很多人努力的方向。平台需要建立健全一套完整的等级制度，用头部人群的成就来吸引新手用户更努力地输出优质内容。创业者还可以提升一些优质、忠诚用户的等级，使其拥有一定的平台管理权，这样便可以培养出一个优质的生态环境。

总结下来，一切都离不开一个拥有好的制度的循环生态，UGC内容从产出、审核到发布，用户从新手、获得成就感到成为高等级用户的方式，都是创业者作为平台运营方要考虑的。

11.7 数字化生存成为现实

疫情以来，人们在工作中便频繁接触到数字化的概念。数字化本身的意义是个体在线化后，推进产业数字化后，实现个体与产业的联动，也就是所谓的供需之间的链接自动化。

互联网自诞生之初便承载着人类的美好愿望，人们渴望在虚拟网络中寻找属于自己的乌托邦，寻求精神上的慰藉。当今几乎没有人能不受到互联网的影响，只不过在接触和了解的深度与广度方面存在差异。但向前看一百年，如果你对他们说只要连上网络，世界上所有人就能够无视地域限制随时联络，当时的人们必然对互联网概念嗤之以鼻，认为这纯属天方夜谭。

在实现元宇宙场景的技术中，云计算、机器学习等已经走到我们身边，慢慢改变人们的生活，在被人们体验中继续迭代着。虽然新鲜事物的产生往往会受到原有思维的抵制，但是因为这些技术从概念到普及存在一定的时间差，呈循序渐进式发展，导致人们不会产生特别强烈的不适感。

这便是元宇宙当下遇到的困境，互联网刚刚产生时，谁也不会想到万物互联的今天，电子设备发展得如此之快，元宇宙亦是如此。元宇宙作为一个新生概念目前还处于发展阶段，还需要科技实现进一步创新，解决算力、算法、通讯、交互、产权、场景等一系列问题，才能真正普及到千家万户中，最终实现真正的虚拟世界数字化生存。

完全体的元宇宙是对现实生活的一次革新，其会彻底改变人们工作、社交娱乐的方式，为人们的日常生活带来全新的变化。元宇宙能够将现实世界与数字世界深度融合，我们不妨从以下几方面畅想数字化生存如何成为现实，呈现什么样的光景。

生活方面，VR设备会为游戏爱好者提供更身临其境的可玩性，游戏体验更优质，社交途径也会得到进一步拓宽。成熟的VR设备还可以为线上试穿服装提供技术支持，人们足不出户就能享受优质的购物体验。

工作方面，元宇宙会革新人们的工作形式，将更多工作转移到线上完成，有效改善当下动辄一两小时通勤的现状，获得更多可供自己自由支配的时间。当选择在线工作的人数增加之后，还会进一步衍生出关于线上招聘、线上面试、线上工作等相关产业。

总而言之，元宇宙能够为人们带来物理世界和数字世界的深度融合，但实现该情景存在重要的大前提，即VR、AR设备全民化。但以目前VR、AR设备的价格来看，昂贵的开发成本与生产成本很难与全民化概念相匹配，如何对相关设备进行技术化迭代和降低成本是众多科技公司需要考虑的头等大事，也是创业者可以参考的重要投资方向。

未经许可，不得以任何方式复制或抄袭本书之部分或全部内容。
版权所有，侵权必究。

图书在版编目（CIP）数据

元宇宙创业：Web3.0 时代投资指南 / 李波著. —北京：电子工业出版社，2022.7
ISBN 978-7-121-43872-1

Ⅰ.①元⋯ Ⅱ.①李⋯ Ⅲ.①投资管理－指南 Ⅳ.①F830.593-62

中国版本图书馆 CIP 数据核字（2022）第 116936 号

责任编辑：黄　菲　　文字编辑：刘　甜
印　　　刷：三河市良远印务有限公司
装　　　订：三河市良远印务有限公司
出版发行：电子工业出版社
　　　　　北京市海淀区万寿路 173 信箱　邮编：100036
开　　本：720×1 000　1/16　印张：14.5　字数：207 千字
版　　次：2022 年 7 月第 1 版
印　　次：2022 年 7 月第 1 次印刷
定　　价：78.00 元

凡所购买电子工业出版社图书有缺损问题，请向购买书店调换。若书店售缺，请与本社发行部联系，联系及邮购电话：（010）88254888，88258888。
质量投诉请发邮件至 zlts@phei.com.cn，盗版侵权举报请发邮件至 dbqq@phei.com.cn。
本书咨询联系方式：1024004410（QQ）。